Mathias Jung
Blitzschlag der Liebe
Die Magie der ersten Begegnung

Mathias Jung

BLITZSCHLAG DER LIEBE

Die Magie der ersten Begegnung

*Vielleicht liegt die Erfüllung erwiderter Liebe in
der Leidenschaft, sich gegenseitig zu verwandeln,
zu verschönern, in einem Vorgang, vergleichbar
einem künstlerischen Akt.*

PAUL VALÉRY
(1871 – 1941)
Cahiers

ISBN 978-3-89189-227-5
1. Auflage 2020

Umschlaggestaltung: Simone Kerschbaum
Gesamtherstellung: Kösel, Krugzell

Für
Dr. Michael Steinbrecher,
den Zauberer vom Nachtcafé

INHALT

Es ist, was es ist,
sagt die Liebe

Ich setzte meinen Fuß in die Luft, und sie trug.
HILDE DOMIN

Wenn ich als Gestalttherapeut in den letzten 30 Jahren etwas als ein Wunder erlebte, dann war es die Liebe. Wie oft sitzt ein Paar, heterosexuell, lesbisch oder schwul, vor mir, und ich bin verblüfft. »Was für eine widersprüchliche Konstellation«, denke ich, »die beiden passen überhaupt nicht zusammen«.

Und doch, erfahre ich beim ersten Interview, lieben sie sich brunnentief und auf eine verrückte Weise. Sie haben sozusagen, in der Sprache der Liebesportale – wie »Elite.de« oder »Gleichklang.de« – zu sprechen, keine nennenswerte Anzahl von »Matching points« (Übereinstimmungspunkte). Nein, sie bilden einen Gegensatz.

Was hat sie in »Drei Teufels Namen« nur zusammengeführt? Denn sie fetzen sich wie die Kesselflicker. Sie sind in der Krise. Sie finden keinen gemeinsamen Nenner mehr. Die Zärtlichkeit ist versickert. Gott Eros ist aus der Hütte geflohen. Wenn ich dieses Paar aber am Ende der turbulenten, durch gegenseitige Anklagen verstörten Sitzung bitte, sich, Knie an Knie, gegenüberzusetzen und dem anderen zu sagen »Was liebe ich an dir, körperlich und geistig«, dann sind sie ergriffen. »Ich liebe deine Anmut und deine Frechheit«, flüstert der Mann mit belegter Stimme. Die Frau erwidert, tief atmend: »Deine Treue und deine Verlässlichkeit hüllen mich wie ein Mantel ein. Ich liebe deinen Knackarsch.« Beide lachen. Beide sind gerührt. Beide küssen sich. Beide gehen händchenhaltend aus der Praxis.

Es ist die *vis magica, die Zauberkraft,* von der schon die Römer sprachen. Aber es handelt sich nicht um die Trickkünste des Magiers, sondern um die Magie der Liebe. Das Wort leitet sich ursprünglich aus dem altgriechischen *magein* ab. Es bedeutet *zaubern und bezaubern.* Genau das vermögen die Liebenden oft in ihrer ersten Begegnung und, wenn Amor lacht, ein Leben lang. Bei dem schöpferischen Moderator vom Nachtcafé (SWR), Michael Steinbrecher, erlebe ich immer wieder mit Dankbarkeit und Erstaunen, wie er den Zauber von Paaren sichtbar macht und zum Klingen bringt: Weil er sie liebt, wertschätzt und ihr verborgenes Wunder würdigt. Das scheint mir das Wunder aller Wunder – der *Homo amans.* Der liebende und liebesfähige Mensch. Das ist sein größtes Kapital. Der Dichter Vergil (70 – 19 v. Chr.), Schöpfer des römischen Gründungsmythos *Aeneis*, formulierte die revolutionäre Kraft dieser Urbeziehung mit den drei berühmten Worten: *amor vincit omnia. Die Liebe besiegt alles.*

Sie überwindet in der Tat Abgründe und Unwegsamkeiten fast aller Art. Dies machen viele der folgenden wundersamen Berichte deutlich. Frauen und Männer schickten sie mir auf meine drei Fragen nach dem Blitzschlag ihrer Liebe. Sie lauteten:

Was war die »Magie« der ersten Begegnung?

Welche Verzauberung beflügelte deine junge Liebe?

Wie gelingt es dir, in der langjährigen Beziehung magische Elemente zu kreieren?

Ich danke Euch mutigen Liebenden, dass Ihr mir, unter eigenem Namen oder beschützt durch einen Namen eigener Wahl, geholfen habt, die Zaubertränke der Liebe zu entdecken.

Damit hoffe ich, vielen Paaren zu helfen, dem Alltag zu entfliehen und auf Wolke 7 zu fliegen. Vor allem aber sollen wir vor dem Hindernisrennen der Liebe nicht wie Romeo und Julia bei Shakespeare zurückschrecken und den (Seelen-) Tod vorziehen, sondern um unser Glück kämpfen. Genau das verrieten mir im Folgenden der Oberbürgermeister meiner reizvollen rheinischen Stadt – Peter und seine Frau.

Peter spricht Klartext: »Ja, das gibt es tatsächlich: Die Liebe auf den ersten Blick! Das war die Magie meiner ersten Begegnung mit Erika. Es war in der Fastnachtszeit. Ich besuchte in Adenau eine Karnevalsveranstaltung. Erika trat mit vielen anderen Mädchen, alle hübsch, auf die Bühne. Aber als ich sie sah, da wusste ich sofort: Das ist die Frau, die ich mir immer gewünscht und als Partnerin vorgestellt habe.

Bereits der erste Stolperstein war ein Felsbrocken: »Meine damalige Frau und ich hatten drei Kinder. Nur: In unserer Beziehung gab es kein Feuer mehr.« Erika ihrerseits war ebenfalls verheiratet und junge Mutter auch von drei Kindern. Peter: »Dabei muss man wissen, dass unsere damaligen Partner von unserer Liebe erfahren haben. Es gab wilde Verfolgungsjagden, ja sogar Prügeleien. Mein Auto wurde beschädigt. Ich benötigte sogar Polizeischutz. Kurz, es spielten sich unbeschreibliche Szenen in der Region rund um den Nürburgring ab.

Dazu kam, dass ich in der sehr konservativen Hocheifel-Region auch noch kurz vor einer neuen Wahl als hauptamtlicher Bürgermeister stand. Der damalige Landrat hat mir geraten, aus dem Dienst auszuscheiden. Die Wahl würde ich bei diesen Vorzeichen ohnehin nicht gewinnen. Hatte er damit Recht? Man muss sich das einmal vorstellen – in dieser hochkatholischen Region. Ein CDU-Bürgermeister, verheiratet und drei noch kleine Kinder. Der hat dann eine Freundin! Keine fremde, sondern eine beliebte junge Frau aus dieser wunderschönen Eifel, die alle kannten und mochten. Ihren damaligen Mann, einen begnadeten Musiker, der das traditionsreiche Blasorchester der Stadt leitete, übrigens auch.«

Peter und Erika fanden aber auch Sympathien. Peter: »Die Menschen der Verbandsgemeinde haben bei dieser für Erika und mich so wichtigen Kommunalwahl meine Person und wohl auch nur meine Leistung beurteilt, denn ich bin damals mit über neunzig Prozent aller

Stimmen wiedergewählt worden. Noch heute habe ich viele Freunde und gute Bekannte aus dieser Region. Auch meine Familie weiß mittlerweile, dass das für Erika und mich die beste, ja die einzig richtige Entscheidung war. Vielleicht hätte ich mich nur etwas früher zu ihr bekennen müssen und sollen. Früher, als ich es getan habe, Klarheit schaffen. Aber vielleicht fehlte mir damals dazu noch der Mut. Als Politiker steht man ja ohnehin im Fokus der Gesellschaft. Ich habe mich zunächst einfach nicht getraut, den Menschen die Wahrheit offen zu sagen. Heute würde ich es früher tun.«

Oft ist die zweite Wahl endlich die richtige. Die Franzosen haben ein hübsches Sprichwort dafür: *Il faut corriger la fortune.* »Man muss das Glück nachbessern«. Peter stimmt dem zu: »Erika entfachte wieder das Feuer der Liebe in mir. Sie hat mir damals – trotz aller Probleme, die dadurch entstanden sind – gut getan. Diesem Zauber der Liebe konnte und kann ich nicht widerstehen. Es ist bis heute eine Energie, die uns fesselt und die niemals vorbei sein wird.« Noch jetzt erlebt er immer wieder einen magischen Moment: »Wenn ich mit meiner Frau spazieren gehe, sie anschaue und mir bewusst bin:

Das war und das ist deine große Liebe.« Er spürt: »Wir leben schon eine gefühlte Ewigkeit zusammen. Wir sind seit zwanzig Jahren verheiratet und beileibe nicht immer nur einer Meinung. Wir haben in unserer Freizeit kaum Streit. Erika ist einfach für mich die perfekte Partnerin. Wahrscheinlich liegt die Harmonie an ihrem Lebensmotto: ›Die kluge Frau folgt ihrem Mann, wohin sie will‹. Wir haben es beide geschafft, unser gemeinsames Glück zu finden.«

Wenn Peter zweifelt, ob er ein guter Partner und Ehemann ist, dann darf er Erikas Antwort, die er noch nicht kennt, nun mit Dankbarkeit lesen. Erika bekennt nämlich: »Die vielen Kleinigkeiten machen die Liebe aus, das Miteinander, die Wertschätzung, die Aufmerksamkeiten, die Überraschungen. Mal ist es ein Gedicht, mal ein Lied. Wir schreiben uns kleine liebe Zettel, wenn einer von uns ausgeht. Wir ergänzen uns.«

Dabei weiß Erika bis heute nicht, was die Magie ihrer Begegnung war: »Ich kann es nicht erklären. Ich wollte das alles nicht. Ich hatte auch eine Ehe mit drei Kindern. Mein Ehemann und ich hatten äußerlich gesehen alles, was man sich wünscht. Wir haben zehn Jahre gebraucht, bis Peter und ich zusammenzogen. Aber eines ist mir klar geworden: Er ist die wahre Liebe.«

War es nur ein Zufall, der die Liebenden aus dem Eifelstädtchen zusammenführte und später an den Rhein brachte? Wohl kaum. Im Zufall meldet sich meist das *Fällige*. Es kommt notwendigerweise auf uns zu. Das Leben schickt uns eine Botschaft. Das Unbewusste greift sie auf. Es ist Zeit für einen Neubeginn. Das will uns die Schicksalsmacht Zufall zeigen. Auch wenn es dann erst einmal über Stock und Stein geht. Wiederverheiratete können das bezeugen.

Abschied und Neustart sind, wie ich selbst bei meiner Trennung erlebte, bitter und von Ängsten besetzt. Es bedeutet, wie die Lyrikerin Hilde Domin es in ein poetisches Bild übersetzt, einen Fuß in die Luft zu setzen und ihre Tragkraft zu erproben. Nicht nur der Drachenflieger macht die Erfahrung, dass die Luft trägt. Ja, bei guter Thermik katapultiert sie in die Höhe. Es ist die Höhenkraft der Liebe. Wenn mir Ilse, meine geliebte heutige Frau, in unserem Gesundheitszentrum auf dem Gang begegnet, bin ich von ihrer anmutigen Gestalt berührt. Es ist noch immer die Magie der Begegnung. Es ist mir, als ob ich von der Luft und der Liebe allein zu leben

vermöchte. Alle Wunden unserer ersten Begegnung – sie war Witwe, ich war am Ende meiner
ersten Ehe – sind verheilt. Das Wunder ist geblieben.

Erich Fried, der Lyriker und Sohn eines ver-
folgten Wiener Juden, hat diese Paradoxie des
»Unmöglichen« in Worte gefasst:

Es ist was es ist

Es ist Unsinn
sagt die Vernunft
Es ist was es ist
sagt die Liebe

Es ist Unglück
sagt die Berechnung
Es ist nichts als Schmerz
sagt die Angst
Es ist aussichtslos
sagt die Einsicht
Es ist was es ist
sagt die Liebe

Es ist lächerlich
sagt der Stolz

Es ist leichtsinnig
sagt die Vorsicht
Es ist unmöglich
sagt die Erfahrung
Es ist was es ist
sagt die Liebe

Unsichtbare Blitze
»Es fegte mich vom Hocker«

Ich war heftig verliebt, wie vom Blitz getroffen.
Man denkt, diese Dinge gibt es nicht, aber doch,
es gibt sie. Es ist, als würde man dir einen
Stromstoß verpassen.

Philippe Djian
Morgengrauen

Wir sahen, der Zufall ist ein Kuppler. Aber die Zeit muss reif sein. Marie von Ebner-Eschenbach (1830 – 1916) erklärt dies in einem ihrer Aphorismen so: »Der Zufall ist die im Schleier verhüllte Notwendigkeit.«

Das schließt die Raserei beim ersten ungeplanten Treffen nicht aus. Jens, ein ehemaliger Rechtsanwalt, erinnert sich: »Die Magie traf mich zu einem Zeitpunkt, als ich nach zweimaligem Staatsexamenversuch den dritten Anlauf erfolgreich vollbracht hatte – und dann auch noch mit Prädikat. Den tiefsten persönlichen wie beruflichen Punkt hatte ich gerade hinter mir. Wir lernten uns auf einer Riesen-Examensfeier, wohl dreißig Leute, kennen; vor- oder hinterher wären wir uns wahrscheinlich nie begegnet. Cornelia war die Einzige aus der Truppe, die ich bis dato nicht kannte; sie war nach drei Jahren Südafrika gerade ein paar Tage zuvor in Deutschland angekommen. Sie betrat den Raum, mich fegte es förmlich vom Hocker.« Warum das? Jens: »Eine Aura umgibt sie, sie strahlt Gelassenheit und Stärke aus. Ohne dass es vieler Worte bedurfte, spürte ich die Chemie, die uns verband. Das sagten auch unsere Blicke, wenn sie sich kreuzten.«

Die Bezauberung der jungen Liebe hatte durchaus ein reales menschliches Substrat: »Cornelia erweckte in mir die Überzeugung: Dieser Mensch ist offen, ehrlich, mit einer gesunden Mischung an Realitätssinn, zugleich an Phantasie und Mut ausgestattet. Sie hat in der Tat so einen Charme, mit dem sie auf Menschen nicht nur zugeht, sondern sie ›bei Bedarf‹, fast unmerklich ›knacken‹ kann.« Die Magie ist geblieben. Sie begegnen sich bis heute auf Augenhöhe: »Trotz oder gerade weil wir gemeinsame und einzelne Interessen und Ziele haben, kommen wir auf den Punkt. Wir respektieren einander und erleben das so. Und all das geht nur, wenn auch Liebe mit im Boot ist. In guten, aber auch in schlechten Zeiten oder gar bei Lebensbrüchen.« Die hat es auch gegeben.

Cornelia hat diesen Abend des Kennenlernens in ewiger Erinnerung. »Er war der Einzige, den ich nicht kannte! Erst die tiefe, warme, sonore Stimme, dann die sympathische Erscheinung, das fröhliche Wesen, sein Charme und seine Herzlichkeit … es überrollte mich förmlich! Es waren wundervolle Stunden mit guten Gesprächen, jeder hatte so viel zu erzählen, es wurde viel gelacht. Besonders waren die Gespräche mit Jens, wir waren uns gleich so vertraut … Und dann dieses Lachen … diese Blicke! Mein Kopf versuchte zwischendurch, einen Gang rauszunehmen: ›Komm doch erstmal in Deutschland an. Such dir zuerst einen Ort zum Leben und eine Arbeitsstelle. Verarbeite doch erst einmal den überwältigenden Kontinent Afrika.‹ Es war zwecklos, mein Herz war stärker!«

Die nächsten zwei Tage sahen sie sich regelmäßig: »Die Schmetterlinge ließen mich kaum schlafen. Ich genoss jede Minute und war doch irgendwie neben mir.« Sofort nach dem Examen und täglichen Telefonaten stellte der verliebte Jens seine sprühende Eroberung den Eltern vor.

Cornelia war sich sicher: »Die Stunden unseres Wiedersehens waren so erfüllt. Es war für uns klar, dass wir zusammengehören. Nach weiteren drei Wochen verlobten wir uns und heirateten nach neun Monaten. Nie hätte ich gedacht, so leicht und mit Hingabe meine wilde Freiheit und meine Reise- und Abenteuerlust aufzugeben für einen Menschen. Vor allem so schnell. Die Verzauberung unserer jungen Liebe war, dass ich mich in seine Liebe fallen lassen konnte. Dass ich so sein durfte, wie ich bin, dass Jens mich immer so genommen hat mit all meinen Ecken und Kanten – ohne mich verändern zu wollen.«

Inzwischen gibt es keine magischen Momente mehr für Cornelia. Sie spricht vom größten Glück, ihren zwei stattlichen Söhnen. Ein neues Gefühl hat in ihrem Herzen Wohnung genommen: »Ich lebe dankbar in einer tiefen Grundliebe.«

Szenenwechsel: Mag man, wenn man zwar einen lieben Mann und drei kleine Kinder hat, aber an einer schweren Krebserkrankung leidet, wenn man massive chemotherapeutische Injektionen und Übelkeiten erdulden muss und einer Brustamputation entgegenfiebert, noch von der

Magie der Liebe schwärmen? Man kann. Iris (Name geändert), eine kluge und tapfere Frau, war am Anfang der Liebe skeptisch: »Der Traummann steht nicht einfach vor der Tür«, meinte sie. Sie wurde eines Besseren belehrt: »Doch meiner hat eben einfach unerwartet eines Tages vor sechs Jahren dagestanden. Diesen Moment, als ich die Tür öffnete, werde ich nie vergessen. Er richtete seinen Blick in meine Richtung. Ab dann verlief alles wie in Zeitlupe. Dieser Blick, diese Augen, dieses zögernde Lächeln und gleichzeitig tausend unsichtbare Sätze zwischen uns. Der Moment, als hätte jemand die Welt angehalten. Es gab nur uns, diese geöffnete Tür und diese unsichtbare Verbindung. Sie hält bis heute an. An diesem Tag habe ich nicht nur diese Tür, sondern auch mein Herz geöffnet. Ich habe es für diese unfassbare magische Verbindung, die tiefe und bedingungslose Liebe geöffnet. Es war nicht immer leicht, die Magie ist aber bis heute da.«

So ein bedrohlicher Brustkrebs mit kleinen Kindern könnte ein einziger Albtraum sein. Aber Iris mit ihrer Lebensfreude spürt durch die Belastung hindurch die Faszination. Auch jetzt noch gibt es magische Momente: »Es sind die kurzen und wenigen Augenblicke zu zweit. Abends auf der Couch, gemeinsam im Auto oder am Esstisch. Wenn ich ihn anschaue, seine Hände, sein Lächeln, sein Blick, bin ich nach wie vor voller Liebe und Hingabe. Diese Verbindung von Herz zu Herz ist unsichtbar, stark, magisch, liebevoll. Er ist wunderbar, wie er ist. Und diese Ansicht hat Welten in unserer Ehe zum Positiven verändert.«

Kann man die romantische Liebe in digitalen Partner-Shopping-Centern finden? Ist Online-Dating nicht so unspontan wie Zähneputzen? Handelt es sich überhaupt noch um ein Rendezvous oder vielmehr um ein Einstellungsgespräch? Der Hamburger Paartherapeut Oskar Holzberg beobachtet (in: BRIGITTE 4/2020): »Die Online-Dating-Party gleicht mehr einer Excel-Tabelle. Erst filtern, dann vergleichen, dann eintreffen, abhaken, dann den Nächsten, auch kein Knüller, dann noch einen. Wenn wir Onlinedating schrecklich finden, dann fühlen wir im Grunde unsere Abneigung gegen die Zielgerichtetheit und Effizienz, in die wir verwickelt werden.«

Tatsächlich ist die digitale Liebesuche, sofern sie nicht mit Unverbindlichkeit und sexueller

Ausbeutung kontaminiert ist, durchaus vernünftig. Oft ist unsere engste Umgebung liebesmäßig abgegrast. Wir fühlen uns wie ein durstiger Wanderer in einer menschenleeren Wüste. Heute treffen sich viele Liebesuchende in der digitalen Kontaktszene. Das konstatiert Holzberg. Ich stimme ihm aus meiner Erfahrung zu. Nicht wenigen Frauen und Männern habe ich beim Formulieren der Anzeige assistiert. Es ist ja nicht leicht, sich selbst wie saures Bier anzubieten. Umso größer ist die Freude, wenn sich dann in den kommenden Monaten Interessierte melden und sich eine Liebe auf sanften Katzenpfoten einschleicht.

Frauenliebe: Paula und Ursula (Namen geändert) lernten sich, nach früheren Männerbeziehungen, über das Internet kennen. Paula: »Wir schrieben uns erst. Kurze Zeit später telefonierten wir das erste Mal. Dieses Telefonat dauerte sage und schreibe zwölf Stunden.« Das ist ein Eintrag in das Guinnessbuch der Rekorde wert. Denn Paula hätte noch gerne länger gesprochen: »Meine Vernunft beendete dann das Gespräch, weil ich am nächsten Tag arbeiten musste.« Ursula war zu diesem Zeitpunkt krankgeschrieben. Bereits vor der Livebegegnung war Paula im magischen Zustand: »Ich habe mich sofort in ihre Stimme verliebt und in die Art und Weise, wie sie die Unterhaltung führte, welches Interesse sie mir entgegenbrachte und mich nach meinen Empfindungen fragte.« Der Realitätstest verlief positiv: »Als ich Ursula das erste Mal sah, war ich ›hin und weg‹.«

Gottfried, ein musikalischer Mann, früher Kommunalpolitiker, selbstständig in einem technischen Beruf, fragt sich, »War es wirklich Verzauberung?« Er hat die Antwort gefunden: »Es war sicherlich auch die Freude am Entdecken, dem Verschmelzen zweier Seelen, zweier ferner Welten wie in einem neuen Schmelztiegel überschäumender Freude zu einer neuen erhofften Einheit.«

Seine Liebe hat auch eine spirituelle Dimension: »Die Hoffnung auf Erfüllung und der Glaube und das Vertrauen in den anderen und an Gott tragen über manche Klippe hinweg. Die Magie schöpft aus der Vertrautheit und dem Gefühl der Bestimmtheit füreinander. Aus dieser Gewissheit lassen sich die Tiefschläge des Lebens ummünzen zu neuer Hoffnung und Kraft.«

Die erste Begegnung, wenn der Himmel die Erde küsst, ist trotz der beglückenden gemeinsamen Wellenlänge letztlich nicht völlig rational zu deuten. Der Schriftsteller Hanns-Josef Ortheil registriert in seinem Roman *Das Verlangen nach Liebe*: »Noch während sie ein erstes Mal zusammensitzen und eigentlich mit ganz anderen Themen beschäftigt sind, bildet sich eine Nähe, die sie beide zugleich als magisch empfinden. ... Es gibt nichts Störendes, die Welt bekommt darüber eine fast somnambule (schlafwandlerische – M. J.) Gelassenheit. Und am Ende dieser Stunden ist beiden, ohne dass sie darüber ein Wort verlieren würden, klar, dass sie sich wiedersehen und wiedersehen und wiedersehen werden.«

ICH TANZE MIT DIR
IN DEN HIMMEL DER LIEBE

Der Tänzer interessiert uns, nicht die Violine,
und in ein paar schöne schwarze Augen zu
sehen, tut einem Paar blauen Augen gar wohl.
JOHANN WOLFGANG VON GOETHE
(1749 – 1832)
WILHELM MEISTERS LEHRJAHRE

Was ist los mit der Liebe? Gibt es die große Liebe? Oder ist sie eine Illusion? Wählen wir unseren Partner oder werden wir gewählt? Haben wir Freiheit bei der Wahl? Macht die Liebe frei oder unfrei? Was sind die Gesetze der Liebe? Regieren bei der Partnerwahl die Vernunft oder das Unbewusste? Ist die Liebe schicksalhaft? Oder wären wir an der Seite eines anderen Partners genauso glücklich oder unglücklich geworden? »Warum in Amors Namen«, so seufzt wohl jeder von uns im Tal der Tränen einer Beziehungskrise, »habe ich ausgerechnet dich geheiratet?«

So viele Fragen. Und so viele Antworten und

Rätsel. Manchmal ist so eine Partnerwahl profan. »Frau mit Staubsauger gesucht«, könnten manche Männer inserieren, wenn sie ehrlich wären. Das ist das erzkonservative Modell. Der Mann kämpft draußen im feindlichen Leben, das Frauchen putzt das Haus, kocht, bäckt und schnäuzt den Kindern die Nase. Das geht so lange gut, bis die Frau – meist wenn die Kinder älter werden – sich auf ihre außerfamiliären Interessen und berufliche Selbstverwirklichung besinnt, sich gegen die ehelichen Fesseln sträubt und unbequem wird. Es kann aber auch genau umgekehrt sein, die Frau, die einen Mann als Fluchthelfer aus einer familiären Enge als temporäre Lösung benutzt. Oder weil er ein Beamter mit sicherer Lebensstellung ist. Oder weil sie, kurz vor dem biologischen Schlusspunkt, ein Kind will und – koste es, was es wolle – einen Samenspender benötigt. Oder weil sie nicht als alte Jungfer enden will. Derlei Trivialitäten sind zahllos. Manchmal klappt es, manchmal endet es frei nach Shakespeare mit einem Desaster: »Gut gehängt ist besser als schlecht verheiratet.«

Aber bleiben wir bei der Magie der Liebesbegegnung. Da muss manchmal Gott Eros selbst beschwipst gewesen sein. Frauke berichtet mir aus dem sonnigen Spanien. Sie arbeitete vor Jahren in einer Pizzeria. Dort fragte sie an einem Samstagabend ein Kumpel: »Hey, Frauke, wenn du hier fertig bist, hast du dann schon was vor?« »Nein!« »Super, dann komme ich später mit ein paar Freunden vorbei, um dich abzuholen, und dann können wir noch tanzen gehen.« Und so kam es. Frauke war unentschlossen, ob sie mitgehen sollte. Sie faltete gerade Servietten für den nächsten Tag. Dann ging sie mit und betrat das Lokal: »Mein Blick fiel sofort auf Tomás. Als er mich mit seinem Superdeutsch ansprach, dachte ich nur, das könnte er sein …«

Irgendwie gerieten die beiden, die sich fremd waren, in einen Zustand der Trance: »Wir gingen dann schließlich in eine Kneipe mit guter Musik und unterhielten uns alle gemeinsam, aber hauptsächlich Tomás und ich. Wir tranken und tanzten und genossen die schöne Atmosphäre. Schließlich gingen wir in eine Sommerdisco mit Palmen, einer Bar, Tanzfläche, und das alles unter freiem Himmel. Es war eine wunderschöne Sommernacht, so wie sie in Spanien üblich sind um diese Jahreszeit. Wir tanzten die ganze Nacht und hatten alle einen riesigen Spaß. Irgendwann zwischen fünf und sechs Uhr brachen wir auf. Tomás fuhr mich zu meinem Auto. Als wir gingen, rief ihm Mario zu: ›Tomás, du schuldest mir noch etwas.‹ Danach sprachen wir noch eine ganze Weile im Auto und tauschten schließlich unsere Telefonnummern aus.«

Was hatte Mario dem Tomás nachgerufen? Frauke: »Er gestand mir, dass er in jener Nacht mit Mario gewettet hatte. Denn Tomás wollte an jenem Samstag eigentlich früh nach Hause fahren, als Mario kam und ihnen sagte: ›Leute, ich stelle euch gleich eine Deutsche vor. Da werdet ihr ausflippen. Ich wette mit dir, Tomás, um fünfzig Euro, dass du nicht nach Hause fahren wirst.‹ Das war der Urknall der Liebe.

Der weltweit bekannte Stepptänzer Fred Astaire erkannte: »Tanz ist ein Telegramm an die Erde mit der Bitte um Aufhebung der Schwerkraft.« Hoffen wir, dass Tomás seine Schulden bei Mario beglichen hat. Frauke und Tomás haben heute eine Familie: »Wir achten immer darauf, dass wir uns nicht zu weit voneinander entfernen. Das gelingt uns am leichtesten über Kuscheln.«

Ist der Tanz der Liebe von Anfang an eitel Harmonie? Damian, heute sechsundfünfzig, lernte vor fünf Jahren in einer Salsaschule Sandra, jetzt vierundvierzig, kennen. Die Taktfolge war gegensätzlich: »Sandra ist eine leidenschaftliche und sehr dynamische Salsatänzerin. Das beeindruckte mich sofort. Aber ich habe auch bemerkt, dass sie durch ihr pure Energie dazu neigte, den Takt leicht zu überholen. Sie explodierte förmlich im Tanz, während ich ein intuitiver und taktvoller Salsatänzer bin. Ich habe mir direkt in unserem ersten gemeinsamen Tanz zur Aufgabe gemacht, sie ein wenig zu bremsen und im Takt perfekt zu führen. Es war nicht einfach. Mittlerweile gelingt es mir auch in unserem gemeinsamen Alltag; sie gibt das Tempo vor, ich entschleunige sie und versuche, unsere Liebesbeziehung im Takt zu halten.«

Damian: »Ich sagte ihr schon damals, dass wir möglicherweise ein perfektes Paar auch außerhalb des Parketts wären. Sie erwiderte schmunzelnd: Lass uns einfach (nur) tanzen, Damian.« Mittlerweile leben die beiden seit einem Jahr zusammen: »Unsere glühende Liebe zur Musik und Salsa und Baccata und Kezoba hat unsere Liebe füreinander entzündet. Es war unvermeidbar. Das Kuriose und das Magische zugleich ist die Tatsache, dass unsere tänzerischen Charaktere unseren Wesenszügen auch außerhalb des Parketts entsprechen. Aber die gemeinsame brennende Leidenschaft für Tanz und Musik macht uns zu *einem* Körper. Diese Leidenschaft bezauberte unsere Beziehung. Sie beflügelt ständig unsere Gefühle füreinander.«

Von Sandra und Damian kann man lernen, die magischen Elemente der Beziehung auch im Alltag neu zu inszenieren: »Statt Fernsehen zu schauen (wir haben keinen), tanzen wir nach Feierabend in unserem großen Wohnzimmer. Danach lassen wir uns in unserem Schlafzimmer oft durch die Musik in den Schlaf wiegen. An den Wochenenden lassen wir uns auf verschiedenen Salsa-Events inspirieren. Wir schauen dabei gerne anderen zu. Wir tanzen mit ihnen, aber spätestens drei Tänze weiter oder bei einem tollen Musikstück suchen wir uns sehnsüchtig. Dann werden wir zu einem Körper und kreieren gemeinsam die bildwirksamsten Figuren. Ich habe das Gefühl, Sandra beim Tanzen noch mehr zu lieben und sie noch mehr zu begehren als sonst. Das macht sich auch bei unserem Intimleben bemerkbar. Denn danach haben wir beide spürbar mehr Lust auf Sex. Die sinnliche Bewegung ihres Körpers, ihre Wärme, ihre tänzerische Hingabe und ihr blindes Vertrauen in mich schaffen die Magie meiner Liebe zu einer Tänzerin.«

Auf einem der Seminare in unserem Gesundheitszentrum Dr.-Max-Otto-Bruker-Haus begegnete Britta der Liebe. Prägnanter gesagt: Sie half nach. Britta: »Ich betrat den Seminarraum als Letzte. Eigentlich hatte ich noch zehn Minuten vorher überlegt, gar nicht hinzugehen. Und ich sah ihn! Ich wusste sofort: Der ist es! Vielleicht war es eine Mischung seiner wachen Augen, die klugen Sätze, die er sprach, und die Haare auf seinen Armen. Ich finde vor allem, dass sowieso Intelligenz erotisch ist und der Geist eine gehörige Portion, wenn nicht den überwiegenden Teil, Mitspracherecht bei der Magie der Liebe hat!«

Haare auf den Armen und eine gewisse Portion Intelligenz sollte also Mann doch haben. Danke Britta für den Tipp. Britta, so berichtet sie weiter, war verwirrt: »Ich konnte seinerzeit zwei Tage lang nicht schlafen und war tagsüber wie betrunken. Wir hatten uns da noch nicht einmal zum Kaffee verabredet. Zum Glück habe ich dann den Mut gefasst und diesen tollen Mann angeschrieben. Das erste Date hatte ich fast verdorben, weil ich so aufgeregt war, dass ich Oliver die meiste Zeit mit weit aufgerissenen Augen angestarrt habe. Er sagte später, dass ich ihm vorkam wie Hammy, das Eichhörnchen aus dem Film ›Ab durch die Hecke‹. Aber du siehst, aus uns ist trotzdem etwas geworden. Es war wie ein ständiger Tanz, indem wir uns umeinander, miteinander, ineinander drehten. Das Wichtigste waren wir – wir waren wie zwei Hammys auf Droge.«

Der Reiz ist geblieben: »Manchmal ›erwische‹ ich mich dabei, dass ich Oliver ganz unvermittelt anschaue und denke, was für ein schöner Mann er ist. Das ist für mich so ein magischer Moment. Besonders schön finde ich Rituale, die sich in langjährigen Beziehungen entwickeln. Ich finde es immer noch ›magisch‹, wenn wir im Bett liegen und uns einfach die Hand halten und ganz ohne Reden die Verbundenheit spüren.«

»Unsterblich« verliebt hat sich wiederum Beate, als Jochen zum Tanzen in ihrem Square-Dance-Club in ihrer Heimatstadt in Westfalen auftauchte: »Wie fast üblich fragte ich ihn, ob er auch einen Tanz mit mir machen wollte. Er stimmte zu. So tanzten wir zusammen in einem Square. Eine Stunde vor Ende unseres Clubabends kam er noch einmal zu mir. Er teilte mir mit, dass er schon fahren müsse. Er müsste heute noch drei Stunden fahren in seinen 300 Kilometer entfernten Wohnort. Er sagte mir noch: ›Du hast so ein wunderschönes Lächeln.‹ Ich stutzte. Ich musste noch lange darüber nachdenken. So etwas hatte mir, glaube ich, noch nie jemand gesagt.«

Einen Monat später kam Jochen wieder zum Volkstanz. Ich hatte Thekendienst. Wir unterhielten uns. Ich fand ihn interessant. Ich sagte ihm, dass mein letzter Dienst an diesem Tag sei, die Tische für die After-Party umzustellen. Jochen kam zu mir und half mir dabei. Ich freute mich. Dann setzten wir uns an einen Tisch. Er erzählte mir alles Mögliche. Was ich besonders in Erinnerung hatte, ist, dass er sagte, er trinke jetzt ein Vierteljahr keinen Alkohol, weil er ein Zahn-Implantat erhalten habe. Ich trinke auch nur sehr wenig Alkohol, wenn ich Auto fahren muss, gar keinen Alkohol. Also saßen wir beide bei Wasser. Das gefiel mir. Ich hatte vorher zwei Beziehungen gehabt. Beide Männer haben viel Alkohol getrunken. Das war jedes Mal der Trennungsgrund. Außerdem rauchte Jochen nicht.

Wir tanzten auch zusammen. Jetzt wurde

ganz ›normal‹ paarweise getanzt. Ab und an berührten wir uns – was ich schön fand. Als ich mich leicht an der Hand verletzte, schlug Jochen vor, einen Spitzwegerich zu suchen und auf die Verletzung zu legen. Ich fand die Zuwendung supernett und bewunderte seinen ›Kräutersachverstand‹. Schließlich fragte er mich, ob ich nicht am kommenden Tag noch Zeit hätte, mit ihm in einem Nachbarort den Tag zu verbringen und abends dort mit ihm tanzen zu gehen. Wieder zu Hause angekommen, war ich ganz aufgeregt und aufgewühlt. So geschah es denn auch. Ich kannte einen Platz, zu dem ich dann fuhr. Dort fanden wir sogar eine freie Bank in der Sonne. Jochen war ganz angetan von meinem reichhaltigen Picknickkorb. Ich fand Jochen zunehmend sympathischer. Später bemerkte ich, wie versiert Jochen tanzte – dagegen war ich grottenschlecht, aber Jochen trug es mit Fassung.«

Reden ist das Elixier der Liebe. Beate: »Nach dem Tanzen – vielleicht war es 21.00 Uhr – wollten wir eigentlich beide noch nicht nach Hause fahren, aber irgendwo hinfahren wollten wir auch nicht. So setzten wir uns einfach in Jochens Auto und redeten noch stundenlang. Irgendwann nahm Jochen dann während der Unterhaltung meine Hand und streichelte sie. Das fand ich wunderschön. Wir verabschiedeten uns vor unseren Autos. Jochen schloss mich dabei so fest in die Arme, dass ich ›hin und weg‹ war. Da war es, glaube ich, um mich geschehen. Er nahm mich zweimal ganz fest in seine Arme. Was ich aber besonders schön fand, war, dass er nicht versuchte, mich zu küssen. Ich war noch aufgewühlter als vorher. So verliebt war ich, glaube ich, nur in ganz früheren Jahren gewesen – mit 14 Jahren. Ich beobachtete mich, was mit mir geschah. Ich konnte gar nicht schlafen. Es fühlte sich an, als wenn permanent Flugzeuge in meinem Bauch herumfahren würden.«

Nun führen die beiden eine Fernbeziehung. Die professionelle Cellistin Beate ist eine hochsensible Frau. Ihr Leben war nicht immer einfach. Jochen tut ihr gut, sicher auch, weil er ihre Verletzbarkeit und Zartheit annimmt.

Das ist eines der Geheimnisse reifer Liebe. Der Philosoph Theodor W. Adorno (1903 – 1969) sagte einmal: »Geliebt wirst du einzig, wo schwach du dich zeigen darfst, ohne Stärke zu produzieren.«

DIE KOKOSNUSS ODER
FINDEN ALS WIEDERFINDEN

Ich frage mich
In meinen stillen Stunden,
Was war das Leben, Liebster,
eh du kamst
Und mir den Schatten
Von der Seele nahmst?
Was suchte ich,
bevor ich dich gefunden?

MASCHA KALÉKO
(1907 – 1975)
GEDICHTE

»Alles Finden ist Wiederfinden«, befand Sigmund Freud (1859 – 1939). Was wir in der Liebe suchen, besonders im koitalen Akt der »Vereinigung«, ist gleichsam die platonische Idee der Liebe, die Verschmelzung wie der Säugling mit der Mutter. Sie ist die einzigartig innige Verbindung zweier Menschen. Als Kind erfahre ich die Ursymbiose in der Totalität des Mutterleibes. Er ist meine nährende Ursuppe und mein schützender pränataler Kosmos. Postnatal erlebe ich noch einen Abglanz davon, die Geborgenheit beim Stillen an den lebensspendenden Brüsten und der totalen Versorgung durch die Mutter. Sie ist mein Hilfs-Ich, voller Fürsorge, Kompetenz und liebender Unerschütterlichkeit. Ich selbst bin in diesem Welpenzustand meines Säuglings-Ichs noch nicht abgegrenzt, sondern konfluent, das heißt zerfließend, hilfsbedürftig und hilfeheischend. Es ist das mütterliche Paradies, in dem ich Milch und Honig in Fülle finde. Die höchste und tiefste Liebe ist die Mutterliebe. »Der Himmel ist«, wie das persische Sprichwort sagt, »zu den Füßen der Mutter«.

In vielen Schilderungen erfahre ich von diesem meist unbewussten Wiederfinden sowohl der positiven Mutterassoziation wie des urmächtigen Vater-Tochter-Bildes in der Magie der ersten Begegnung. Zwei Beispiele aus meiner Studie »Das Geheimnis der Partnerwahl« mögen dies illustrieren: Gregor (37, Name geändert) erlebte dies bei seiner zweiten Frau. Gregor: »Meine erste Frau war gefühlskalt. Sie stammte aus einem lieblosen zerrütteten Elternhaus. Sie war tüchtig, aber kopfgesteuert und herb. Sie wollte keine Kinder. Da sie aus ärmlichen Verhältnissen stammte, drehte sich bei ihr alles um das Geld. Es gab, von den ersten Wochen unserer Beziehung an gesehen, kaum Zärtlichkeit. Unsere Sexualität empfand ich als mechanisch. Nach sieben Jahren Ehe war ich gefühlsmäßig ausgehungert und innerlich am Ende. In meiner Freizeit hockte ich vor dem Fernseher und begann zu trinken.«

Dann begegnete der Installateur der Kundin Bärbel (Name geändert). Gregor sollte ihr die Waschmaschine reparieren: »Ich verliebte mich beim ersten Blick. Sie war schön und angenehm füllig, wie ich es liebe. Das war es aber nicht allein. Sie stand nämlich in ihrem Garten und goss voller Sorgfalt ihre Tomatenstauden. Eine Katze rieb sich schnurrend an ihren Beinen. Bärbel bot mir nach der Reparatur eine Tasse Kaffee und ein Stück Erdbeerkuchen an. Diese Bilder der Liebe zur Natur und zu der Katze und ihre Gastfreundschaft rührten mich unwiderstehlich an. Sie erinnerte mich an meine Mutter, die eine leidenschaftliche Gärtnerin und Tierliebhaberin war und uns Kinder mit wahren Tortenschlachten verwöhnte. Es war, als ob ich meiner kurz zuvor verstorbenen Mutter wieder begegnete.«

Finden als Wiederfinden erlebte auch Monika (33). Die Chemielaborantin verliebte sich, wie der Installateur Gregor, auf den ersten Blick. Vor ihren Augen entstand nämlich dabei ihre Vater-Imago. Sie lernte Martin (beide Namen geändert), einen blonden, hübschen Pharmavertreter, auf der Geburtstagsparty ihrer Freundin kennen. Aber es war weniger seine raphaelsche Engelsgestalt, die sie entzückte, sondern vielmehr seine väterliche Qualität. Martin hockte nämlich, als Monika verspätet eintraf, in einem Kinderstühlchen und spielte mit der Tochter der Freundin hingebungsvoll Hoppe-Hoppe-Reiter. Später las er der Kleinen mit viel Intonation und Begeisterung das Grimm'sche Geschwistermärchen *Die sechs Schwäne* vor. Er beachtete Monika überhaupt nicht. Er war vollständig in seine freudvolle Begegnung mit dem kleinen Mädchen versunken.

Monika war gebannt: »Ich konnte meine Blicke nicht von diesem zärtlichen Mann lösen. Er schien mir wie mein Vater. Genauso hatte mein fröhlicher Vater mit mir als Kind gespielt, meine Nähe gesucht und mir Abend für Abend meine Lieblingsmärchen vorgelesen. Ich verliebte mich fast gegen meinen Willen in Martin, denn ich lebte noch in einer Beziehung, die allerdings ein ziemlicher Wackelpudding war. Ich wollte so von Martin geliebt werden.«

Frauen entwickeln in einem solchen Fall ein ebenso hungriges wie aggressives Beuteschema: »Ich habe gekämpft wie eine Löwin um ihn, denn er war zwar unverheiratet, aber mit einer Arbeitskollegin liiert. Heute liest Martin mir Märchen vor und spielt stundenlang Scrabble mit mir. Natürlich ist er nicht mein Vater. Manchmal zieht er sich tagelang innerlich zurück und ist kaum ansprechbar. Eine Idealehe sind wir sicher nicht. Aber über meinem Biedermeiersekretär, den mein Vater mir zu unserer Hochzeit schenkte, hängen zwei Fotos: Vater und Martin.«

Was hat die Liebe mit einer Kokosnuss zu tun? Hören wir zuerst Margarete (Name geändert): Nach dem Abschluss der Realschule landete die hübsche junge Frau auf einem Biotechnikum in Isny im Allgäu, um über diesen Weg den Hochschulzugang zu erlangen. In der Mensa fiel ihr ein Tisch mit drei Jungen auf, die in einer Reihe nebeneinander saßen: »Die beiden rechts und links sitzenden Knaben ›glotzten‹ wie gebannt in die Mädchenreihe, in der wir standen. Auffallend war für mich der in der Mitte Sitzende, der nach meiner Erinnerung meinem Vater ähnelte (mit Nase und Kopfform). Dieser Junge ›glotzte‹ nicht. Ich ließ mich dann am Tisch nieder. Da beugte sich plötzlich ein großer gut aussehender Amerikaner zu mir herunter, um mich zu fragen, ob ich einmal mit ihm zum Tanzen gehen wolle. Ich sagte ›nein‹, obwohl ich doch so gerne tanzte. Etwas später beugte sich jemand zu mir herunter, um mich das Gleiche zu fragen. Es war *der* Junge, der meinem Vater ähnelte. *Diesmal* sagte ich natürlich von Herzen ja.«

Eberhard (Name geändert) befand sich in einer für ihn angenehmen Situation. Er erinnert sich: »In der Mensa war mir ein charmantes Mädchen aufgefallen, das einen Verlobungsring trug. Ich sah darin die Möglichkeit, mit ihr eine lockere Verbindung ohne Verpflichtungen einzugehen. Meine Einladung freute sie, denn ich war ihr wegen meiner zurückhaltenden Art bereits positiv aufgefallen. Außerdem fand sie, dass ich ihrem Vater ähnlich sähe. Er kam nicht mehr aus dem Krieg zurück. In ihren Erinnerungen hatte sie ihn nur ein einziges Mal kurz erlebt. Auf dem Weg zum Tanzlokal fragte sie mich, ob ich wüsste, dass sie verlobt sei. Das bestätigte ich gern. Ich sagte, dass dies ein Hauptgrund sei, weshalb ich sie eingeladen hätte. Wir verstanden uns prächtig und bezeichneten uns gegenseitig als Brüderchen und Schwesterchen.«

Margarete schenkte Eberhard eine echte Kokosnuss. Das war damals eine Rarität: »Das Kokoswasser konnten wir noch aus der Nuss herausholen, wie aber die Nuss öffnen? Not macht erfinderisch. So ging ich nach unten auf die Straße. Margarete warf die große Nuss aus meinem Fenster auf das Straßenpflaster. Das klappte wunderbar. Mit einer Hand voll Kokosstücken kam ich wieder hoch. Als wir dann beide von demselben Schalenstück das Kokosfleisch abknabbern wollten, kamen sich unsere Gesichter so nah, dass wir uns küssten. Ab dieser Zeit küssten wir uns öfters. Mehr erlaubten wir uns allerdings nicht.«

Margarete war also verlobt. Das ist ein schweres Liebeshindernis. Gleichwohl pflegten die beiden in unregelmäßigen Abständen brieflichen Kontakt miteinander. Dann erfuhr Eberhard, dass sie ihre Verlobung aufgelöst hatte. Er war ein »fauler Briefschreiber«. Deshalb vermutete die Entlobte, dass sein Interesse an ihr inzwischen stark zurückgegangen sei. Die Situation wurde noch komplizierter.

Margarete beging nämlich einen folgenschweren Fehler: »Ein in Amerika lebender Deutscher war bei uns zu Besuch. Er fragte mich eines Tages unvermittelt, wann wir denn heiraten würden. Ich sagte – aus Spaß natürlich – na, morgen!« Wie hätte ich erwarten können, dass dieser Mensch sich ohne weitere Absprache zur Gemeinde in unser Dörfchen am Bodensee begeben würde, um die nötigen Unterlagen zu verlangen? Weil ich mich wegen des sicheren Spottes in Unteruhldingen nicht traute, die Unterlagen zurückzufordern, heiratete ich also einen Menschen, den ich weder liebte noch richtig kannte. Wir zogen nach München. Ich wurde schwanger. Er prügelte wie ein Verrückter auf mich ein, um das Kind aus meinem Bauch zu schlagen.«

Darauf kehrte Margarete zur Mutter und ihren Brüdern an den Bodensee zurück. Sie bewarb sich in dem naheliegenden NATO-Büro, in dem sie früher gearbeitet hatte. Da kam der Blitzschlag: »Eberhard wusste, dass ich inzwischen von meinem Mann getrennt und schwanger war. Er stand eines Abends unverhofft vor

der Tür. Nach diesem Wiedersehen war uns beiden klar, dass unsere Gemeinschaft sich wie in
unseren ersten Tagen anfühlte. Mein Sohn wurde zu Hause geboren – ein wunderbares Erleb-
nis. Sechs Wochen später – ich musste ja wieder
ins Office der Amerikaner – holte meine Mutter
meine abgepumpte Milch von dort ab. Alles
schien super geregelt. Eberhard studierte damals in Berlin, wechselte aber an die Universität
Tübingen, um an den Wochenenden schneller
bei mir und meinem Baby sein zu können. Als
wir beide einige Jahre später heirateten, hat er
meinen Sohn adoptiert. Auch diese Beziehung
ist noch immer voller Liebe und Verständnis.«

Eberhards physiognomische Ähnlichkeit mit
Margaretes gefallenem Vater stellte vermutlich
ein Stück Vaterübertragung dar. Fragen wir
nicht, wie chaotisch die Hochzeit war. Erst fielen
wegen heftigen Schneefalls die Trauzeugen aus.
Dann verlor der Standesbeamte die Nerven und
schimpfte wie ein Rohrspatz. Schließlich geriet
das Hochzeitsessen in Brand. Die Küche ver-
wandelte sich in eine rußige Höhle, weil das Öl
im Fonduetopf explodierte. Doch die Verliebten
bestanden die Feuerprobe grandios.

Margarete ist dankbar: »Insgesamt kann ich

nur sagen, dass trotz vieler Umzüge durch Eberhards berufliche Versetzungen, Hausumbauten oder Renovierungen, viele Familienereignisse und unvorhersehbare Herausforderungen wir beide mutig und uns fast in allem einig waren. Das heißt, wir sind über nichts ›gestolpert‹.

Wir lieben uns noch immer, schmusen miteinander wie Frischverliebte. Wir hoffen inständig, dass wir noch lange, lange beieinander sein dürfen! Unseren ›achtzigjährigen Geburtstag‹ haben wir gerade gefeiert.« Eberhard ergänzt: »Nach diesem aufregenden Leben lassen wir es jetzt ein wenig ruhiger angehen und genießen unsere Gemeinsamkeit, auch mit unseren beiden Kindern und zwei Enkeln.«

Eine schön geschwungene Nase und eine edle Kopfform – sie können tiefere Symbole darstellen. Der spanische Philosoph Ortega y Gasset (1883 – 1955) formuliert dies in seiner Schrift *Die Liebeswahl*: »Liebe ist etwas Ernsteres und Bedeutungsvolleres als das Entzücken über die Linien eines Gesichts und die Farbe einer Wange; sie ist die Entscheidung für eine gewisse Ausprägung des Menschlichen, die sich symbolisch in den Einzelheiten des Gesichts, der Stimme, der Gebärde ankündigt … Liebe schließt eine innere Verbundenheit mit einem gewissen Typus des menschlichen Lebens ein, der uns als der Beste erscheint und den wir in einem anderen Wesen vorgebildet angedeutet finden.«

Von der Jugendliebe zur Altersliebe: Susanne hat ihre frühere Ehe nach 27 Jahren beendet, weil ihr Mann fremdging und sie ihr Vertrauen zu ihm verlor. Sie hat nach der Trennung bitter geweint. »Während dieser Zeit meines Auszugs aus dem gemeinsamen Zuhause lief mir mein ehemaliger Jugendfreund über den Weg. Es hat gefunkt, aber so was von! Daher habe ich mich entschlossen, von dem Zauber meiner zweiten Liebe zu berichten.«

Susanne: »Die Magie dieser nach fünfunddreißig Jahren erfolgten Begegnung lag im Grunde genommen in unserer Vergangenheit, in der wir uns als Jugendliche schon damals mochten, aber durch den Altersunterschied von drei Jahren irgendwie nie richtig zusammenkamen. Wir waren in einer gemeinsamen Clique. Wir haben Spieleabende, Fahrradtouren und Wanderungen zusammen gemacht. Mit sechzehn Jahren ging ich noch zur Schule und Bernd, neunzehn, zur Bundeswehr nach Hamburg, so dass unsere Lebensumstände und Interessen dann anders gelagert waren.« Sie haben dann beide andere Partner geheiratet.

Susanne: »Der Zauber meiner zweiten Beziehung besteht darin, dass wir uns in keiner Weise charakterlich verändert hatten. Wir sind um Erfahrungen reicher, aber liebevoll, ehrlich und naturverbunden geblieben. Was für uns wichtig ist, sind unsere gemeinsamen Unternehmungen, vor allem in der Natur wandern, Pilze sammeln, der Garten mit unserem Hochbeet, die Pflege unserer unterschiedlichen Freunde. Die magischen Momente sind letztendlich heute der gemeinsame Feierabend nach einer langen Woche mit einem guten Essen, das wir oftmals auch gemeinsam zubereiten, mit gemütlich gedecktem Tisch. Gottseidank ist er für die Vollwertkost aufgeschlossen. Abends quatschen wir viel, machen Spieleabende, gehen ins Theater oder auch mal in ein Konzert. Der Fernseher ist quasi nur Dekoration.«

Die Liebesformel von Susanne lautet: »Die Verzauberung für mich ist, dass ich von Bernd geliebt werde ohne Wenn und Aber und dass ich diese Liebe, die mir geschenkt wird, auch so zurückgeben kann. Ich habe volles Vertrauen. Ich spüre Bernds Liebe über Kilometer hinweg. Es ist einfach herrlich, unbeschreiblich und beschert so viele Glücksmomente, die dem Partner seinerseits auch wiedergegeben werden können.«

Die Liebe ist, wie wir an den Schilderungen dieser einfühlsamen Frauen und Männer spüren, ein Phänomen höchster Dichte und Energie. Der Freudschüler Theodor Reik (1888 – 1969) urteilt in seiner Studie *Von Liebe und Lust*: »Jeder Halunke ist davon überzeugt, dass er imstande ist, zu lieben wie jeder andere. Er weiß nicht, dass Liebe Schöpfung bedeutet, eine hohe, konzentrierte Aktivität der Phantasie und Willenskraft, eine Kombination von freiem Gefühlsausdruck und Beherrschung. Er hat keine Vorstellung davon, dass Liebe eine Leistung ist, dass Lieben etwas vollbringen heißt und dass die Art zu lieben tief in der Persönlichkeit des Liebenden wurzelt.«

DAS GEHEIMNIS DES ANDEREN

Zwei werden eins und müssen
doch zwei bleiben
– so will es die Liebe –
denn wer des Freundes
Eigenständigkeit zerstört,
nimmt seiner Liebe das Du,
und wer sich selbst aufgibt
zu Gunsten des Partners,
zerstört die Wurzel der Liebe:
das freie Ich!
Die Liebe ist also schwer.
Viele gehen aneinander
zugrunde.
Und viele bleiben allein –
auch zu zweit.

FRANZ V. ASSISI
(1182 – 1226)

Das Paradoxe der Liebe ist, dass zwei Wesen eins werden wollen und trotzdem zwei bleiben. Die Liebe nötigt ihnen das Einssein mit dem oder der Anderen ab und zugleich das Festhalten an einer Besonderheit und Einmaligkeit. Das kommt in seinem Schwierigkeitsgrad der Quadratur des Kreises gleich.

Brigitte und ihr Liebster nährten sich das erste Jahr in ihrer Fernbeziehung durch wöchentliche Telefonate und seitenlange Briefe. Sie hält den Zauber dieser besonderen Beziehungsform mit den Worten fest: »Seine Stimme klang tagelang in mir nach. Einzelne Worte und Sätze aus den Briefen wirkten wie bunte Edelsteine in meinem Alltag.« Sie enthüllten wohl das Geheimnis seiner Persönlichkeit.

Sind wir nicht nur für den Anderen, sondern auch für uns selbst ein Rätsel? Brigitte betont den Kraftakt dieser kommunikationsstarken Beziehung und Akzeptanz der entgegengesetzten Charakterstrebungen mit dem befreiten Seufzer, das habe 36 Jahre »Schwerstarbeit« bedeutet. So ist es: Ohne Liebesarbeit entwickelt sich ein Paar weder als Kollektivseele noch als jeweiliges Individuum.

Schwerstarbeit? Ja. Um es platt zu sagen: Der Andere ist der Andere. Er ist nicht der Gleiche. Wie verschiedenartig Partner sein können, verrät uns die Charakterologie. Der deutsche Psychoanalytiker Fritz Riemann hat mit seinem

Jahrhundertwerk *Grundformen der Angst* (erstmalig 1961) die Wesenszüge jedes Menschen, abgesehen von seiner genetischen Disposition, als eine Reaktionsbildung auf die individuellen Ängste seiner Kindheit gedeutet.

Er nennt vier Charaktertypen: *Der Schizoide* ist gefühlsabweisend, weil er in einem gefühlskargen Kühlkeller aufgewachsen ist und sich mit seiner Verschlossenheit zu schützen versuchte. *Der Depressive* konnte Liebe nur durch sein unentwegtes Helfen verdienen. *Der Zwanghafte* »erbte« die Zwänge seines Elternhauses und das Dogma, »Ordnung ist das ganze Leben«. So begegnete er mit seiner Normopathie, der zwanghaften Anpassung an normgerechte Verhaltensweisen, und seinen Kontrolltricks dem für ihn bedrohlichen Chaos der Welt. Nun tut er es als Erwachsener. *Der Hysteriker*, der unaufhörlich sich selbst inszeniert (»meine Frau und ich bewundern mich maßlos«), bekämpft mit seiner schauspielerischen Blendfassade seine kindlichen Minderwertigkeitskomplexe und die tief sitzende Angst, nicht wahrgenommen zu werden.

Das Beharrungsvermögen und das Trägheitsprinzip des Charakters sind zweifellos frap-

pant, häufig deprimierend. Und doch kann, wie
Riemanns Kollege, der Tiefenpsychologe Fritz
Künkel (1889 – 1956), in seinem Werk *Die Arbeit
am Charakter* ausführt, diese Entwicklung ge-
leistet werden: Die Liebe ist das magische Elixier. Vitale Partner sind hierbei, wie die folgenden zwei Beispiele zeigen, durch Krisen gestählte
Entwicklungshelfer. Jeder Mensch ist im kosmi-
schen Laboratorium ein einzigartiges weltge-
schichtliches Experiment der Gefühle und des
Denkens. Er ist sich selbst als Entwurf aufgegeben. In seiner Einmaligkeit ist der Mensch aber
auch sperrig. Er ist nicht von vornherein wie ein
Computerprogramm kompatibel. Der Mensch
ist ein Original, keine Kopie. Damit fasziniert er
seinen Partner. Damit peinigt er ihn aber auch.

Beate und Ulf (Namen geändert) kamen wegen ihrer Charakterverschiedenheit zu mir in
die Praxis, wie ich in meinem Buch »Ich liebe
dich, nur nicht gerade jetzt« berichtet habe: »Ich
liebe dich, Ulf«, erklärte Beate, »aber oft, wenn
ich dich emotional bräuchte, bist du kühl wie
ein Kabeljau«. Ulf verteidigte sich: »Du bist
Kindergärtnerin und von Berufs wegen gefühls-
betont. Ich bin Diplomingenieur und verkehre
in der harten Welt der Fakten. Du verwechselst

meine Nüchternheit und Sachbezogenheit mit Kühle und Desinteresse. Biete ich dir nicht praktikable Lösungsvorschläge an?«

Was war mit den unzufriedenen Liebenden los? Die Spurensuche in den familiären Untergrund führte beide weiter. Ulf war im kalten, leistungsbetonten Geschäftshaus seiner Eltern aufgewachsen. Gefühle und Zärtlichkeiten waren Mangelware. Also lernte er die Sprache der Emotionen und der Zärtlichkeit nicht. Er war ein Einstein der Analyse, ein Analphabet der Gefühle. Ein emotionales Sparschwein.

Beate hingegen war im Sinne Riemanns ein depressiver Charakter, ein Helfersyndrom auf zwei Beinen. Als sie 15 Jahre alt war, erkrankte ihre Mutter an Multipler Sklerose. Beate übernahm den Haushalt, betreute die drei jüngeren Geschwister, pflegte die Mutter und tröstete den Vater. Beate: »Ich hatte zwei Berufe, hier die Schule, dort, nach der Heimkehr, meinen Job als Mutter und Hausfrau. Am späten Abend saß ich regelmäßig noch mit Vater zusammen, der sich bei mir über seine Sorgen aussprechen wollte.«

Als Beate und Ulf ihre diametralen Charakterstrukturen Stück für Stück begriffen – Ulfs hohe Aggressionsfähigkeit und Beates Neigung zur Helferei und Opferhaltung –, da nahmen die Charaktergewitter ab: Ulf setzte sich als Ziel, sich die Wärme von seinem »emotionalen Kachelofen« Beate anzueignen und den tiefgefrorenen »Kabeljau« hinter sich zu lassen. Beate lernte, ihr klammerndes Betüdeln zu beenden. Sie ersetzte ihr Glaubensbekenntnis »Ich bin, weil ich helfe« durch den selbstbewussten Satz »Ich bin, weil ich bin«. Von Ulf übernahm sie, wie sie bekannte, seine Fähigkeit, »sich nicht von anderen Menschen in die Suppe spucken zu lassen«. Jeder begann den bislang nicht gelebten Pol seines Charakters zu besetzen – Ulf den gefühlshaften Wärmekern, Beate den schwachen Ich-Komplex.

Auftritt Andreas und Silke (Namen geändert): Das Paar war ebenfalls jung, kaum dreißig. Silke kam im strengen grauen Hosenanzug mit Krawatte, die Haare streichholzkurz geschnitten, eine Art magerer Junge mit metallischer Stimme. Sie hatte, wie sie betonte, ihr Leben streng geplant: Abendkurse für die künftige Karriere als Chefsekretärin, Kind mit 35, ein Haus mit 40 Jahren. Silke flößte mir Respekt, aber auch ein bisschen Angst ein. Ich hätte sie mir als Partnerin spontaner und weiblicher gewünscht. Sie war der klassische zwanghafte Charaktertyp.

Andreas war ein Filou, ein Frauenflüsterer, ein Lockenkopf, flinke Augen wie ein Eichhörnchen, schön wie ein Botticelli-Engel, charmant, redegewandt, witzig. Ein Hysteriker im guten wie im problematischen Sinne Riemanns. Ich musste aufpassen, seiner funkensprühenden Aura nicht zu erliegen. Er arbeitete in Fußgängerzonen und Kaufhäusern als Propagandist für Spargelschäler, Gurkenhobel und ähnliche Küchengeräte vor einem entzückten weiblichen Publikum. Genau das erboste Silke gleich zweifach. Sie zischte: »So kann ich mit dir doch keine Zukunft bauen. Du kiffst und schmeißt das Geld raus. Außerdem glaube ich dir nicht, dass du keine Weibergeschichten hast. Ich kann dich ja überhaupt nicht kontrollieren.«

Beides stimmte. Andreas hatte ständig sein Konto überzogen – und hinterließ als notorischer Fremdgänger erotische Massengräber. Was sie ihm nicht beweisen konnte. Des Rätsels Lösung der beiden konträren Naturen: Silke kam aus einem pietistisch freudlosen, schwäbisch sparsamen Beamtenhaushalt mit rigiden sozialen Normen (»spare, spare, Häusle bauen«). Diese lebenshemmenden »Dressate« (Fritz Künkel) hatten sich tief in sie eingebrannt. Sie war eine Ordnungsfanatikerin. Seinen Lieblingswunsch, die Anschaffung eines Hundes, wiegelte Silke mit dem barschen Kommando ab: »Ein Tier kommt mir nicht in unsere Wohnung. Es macht Dreck!« Sie war zu einer Reißbrettpersönlichkeit verkümmert, aber zuverlässig wie Stahlbeton. Sie bekundete in der ersten Sitzung: »Zufälle und Improvisationen hasse ich«. Ihr von Angst imprägniertes Credo lautete, wie Riemann konstatiert: »Ich bin, weil ich alles plane. Wenn ich nicht plane, bin ich nicht.«

Als Hysteriker verfolgte Andreas die entgegengesetzte Angst: Die Angst vor den Notwendigkeiten des Lebens. Dazu gehören natürlich, wie Silke Recht gegeben werden muss, Zukunftsperspektiven und finanzielle Planungen. Andreas inszenierte sich als ein Kind der Unverbindlichkeit, des Augenblicks, als ein Rad schlagender Pfau, ein ewiges Kind wie Peter Pan. Er war in seiner Künstlerfamilie das verwöhnte Einzelkind, war gehätschelt und gepampert worden. Man hatte ihm alle Pflichten und Schwierigkeiten, auch den Schulabschluss, abgenommen. Der Lebenskünstler Andreas war noch nicht erwachsen. Er lag jedoch insoweit richtig, als er die strenge Silke mahnte: »Dein Pflichtbewusstsein in Ehren, aber es gibt auch noch ein Leben vor dem Tode.« Andreas spürte aber andererseits auch in Silke eine bombensichere Verlässlichkeit und unerschütterliche Unbeirrbarkeit, das anrührende, fast instinkthaft beharrliche Arbeiten am künftigen gemeinsamen Ameisenstock mit Haus und Kind.

Silke gab Andreas die Sicherheit. Andreas gab Silke den Champagner des Lebens. Am Ende der Seelenarbeit formulierte Silke das Geheimnis und die Entwicklungsaufgabe ihrer komplizierten Liebe so: »Ich glaube, wir sind uns einander aufgegeben. Du musst bodenständiger werden. Ich darf lebendiger sein.« Wenn das nicht die Magie der Liebe ist! Der Andere als der Zaubertrank der Ich-Entwicklung der Verliebten.

Der bereits genannte Paartherapeut Oskar Holzberg zieht in seinem Buch *Schlüsselsätze der Liebe* einen treffenden geographischen Vergleich: »Wir leben am selben Lebensfluss, aber nicht am gleichen Ufer. Die Beziehungskunst besteht darin, Brücken über den Fluss zu bauen, um sich auf den Brücken zu treffen. Um von dort gemeinsam auf die Ufer, unsere beiden Wirklichkeiten, zu schauen.«

Hannes, ein hervorragender junger digitaler Medienfachmann betrat als erster diese Brücke zu seiner Ronja. Auf einer Geburtstagsfeier einer gemeinsamen Freundin, fiel sie ihm an diesem Abend besonders auf: »Zum einen, weil sie bildhübsch war, zum anderen, weil sie so wirkte, als ob sie viele Geschichten zu erzählen und schon viel erlebt habe. Ich denke, die ›Magie‹ der ersten Begegnung war diese Tiefe, diese Ausstrahlung und vielleicht auch eine gewisse Unnahbarkeit. Dazu ist natürlich zu bemerken, dass diese ›Magie‹ einseitig auf meiner Seite war. Wir haben uns erst fast ein halbes Jahr später durch Zufall wieder getroffen, als sie das erste Mal in meinem Zimmer war und mich und mein Zuhause bewusst wahrgenommen hatte.«

Für Ronja war ihre erste Begegnung in Wirklichkeit bereits die zweite Begegnung. Bei der ersten war sie von einigen quälenden Gedanken abgelenkt. Ronja erinnert sich: »Es war ein frühlingshafter Tag im Mai, den ich damit verbracht hatte, für eine besondere Anatomieprüfung zu lernen. Gegen Abend war mein Kopf so voll mit Namen von Muskeln, Knochen und Gelenken, dass ich mich relativ verzweifelt auf die Suche nach Abwechslung begab. Ich fragte also eine Freundin, ob sie spontan Lust hätte, den Abend mit mir zu verbringen. Doch sie war bereits auf eine Party eingeladen und konnte mir lediglich anbieten, mich dorthin mitzunehmen. Zu ihrer und meiner Überraschung sagte ich, die normal nicht häufig auf Partys ging, zu. Wir trafen uns also und fuhren gemeinsam in die Nachbarstadt. Sie sagte, die Party sei von einem Hannes, der immer ›so krasse Studentenpartys‹ feiere. Das klang für mich nicht besonders verlockend, aber doch bei Weitem besser als Sehnenansätze.«

Dann stießen Ronja und Johannes aufeinander: »Als wir angekommen und im Treppenhaus der lauten Musik bis in das zweite Obergeschoss gefolgt waren, öffnete ein junger Mann die Türe. Er hatte lockige, schulterlange Haare und strahlend klare blaue Augen. Und irgendwie kam er mir bekannt vor. Mein Gehirn durchforstete mögliche Erinnerungen. Tatsächlich fiel mir etwas ein: Die gleichen blauen Augen hatten mich erst vor Kurzem von einem Facebook-Bild angestrahlt. Er hatte mir eine Freundschaftsanfrage geschickt, die ich nie beantwortet hatte.«

Wie peinlich! Dann ereignete sich ein geheimnisvoller Brückenschlag: »Wenig später standen wir in Hannes kleinem WG-Zimmer. Er spielte gemeinsam mit einem Freund ein Lied auf einer E-Gitarre. Doch ich achtete nicht wirklich darauf. Etwas Anderes hatte meine Aufmerksamkeit gewonnen, während ich meinen Blick durch den Raum hatte schweifen lassen. An den Wänden hingen selbstgemalte Keilrahmen. Einer von ihnen zeigte einen Strand mit zwei großen Felsen. Auf der einen Seite des Panoramas lag ein aufgewühltes Meer, dessen Wellen sich schäumend an einem der Felsen brachen. Auf dem umspülten Felsen stand seelenruhig ein schmaler weißer Leuchtturm. Um so weiter man den Blick nach links schweifen ließ, desto ruhiger wurde das Bild, bis es einen traumhaften Strand mit Palmen und türkisem Wasser glich. Doch dann, ganz plötzlich, endete die Bemalung. Sie lief in einzelne Streifen aus, so dass das letzte Stückchen Leinwand komplett weiß blieb. Mitten im Bild stand seelenallein eine Person, die weite Schatten über den unberührten Sand warf. Das Gemälde zog mich völlig in seinen Bann.«

Das Bild verwies auf den lockigen Engel

Hannes und sein Geheimnis. Ronja: »Die einsame Person wirkte so suchend, sogar ein wenig verloren. Ich fragte mich, ob die aufgewühlten Strömungen des Meeres ihre Vergangenheit darstellen sollten und ihr Weg immer ruhiger geworden war. Was auch immer hinter ihr lag, das unbemalte Ende des Bildes machte deutlich, dass die Zukunft noch unbestimmt war. Wie hätte man schöner ausdrücken können, dass diese kleine, zwischen den Felsen kaum sichtbare Person selbst bestimmen würde, wohin ihr Weg führen würde. Dass sie ihre eigene Geschichte schreiben würde. Ich war fasziniert. Als ich meinen Blick langsam zu Hannes zurückschweifen ließ, sah ich ihn nicht als irgendeinen Studenten, der scheinbar große Partys feierte. Ich sah eine unglaubliche Tiefe, die mich im Innersten berührte.«

Aber auch Hannes drang in die »gewisse Unnahbarkeit« der Schönen ein: »In der Anfangszeit stand vor allem das Leben im Vordergrund. Wir haben das Studium ein wenig hintenan gestellt und den Sommer in vollen Zügen genossen. Eine besondere Verzauberung ging dabei sicherlich von den stundenlangen Gesprächen aus, indem wir immer wieder neue und interessante Seiten des Anderen entdeckten. Gleichzeitig kam dabei immer mehr zum Vorschein, wie ähnlich wir über die Welt dachten, über das Leben, und dass wir unseren Beitrag leisten möchten, die Welt ein bisschen besser zu machen.«

Ronja, inzwischen approbierte Ärztin, schafft magische Elemente, die sie so beschreibt: »Indem wir immer wieder ganz bewusst innehalten. Indem wir uns Zeit füreinander nehmen, uns gemeinsam auf unser Sofa kuscheln oder uns gegenseitig vorlesen. Manchmal entsteht so ein Moment aber auch einfach dadurch, dass ich Johannes von seinem Schreibtischstuhl abhole, ihn zwei Meter durch das Wohnzimmer zu unserer geöffneten Terrassentüre führe, und wir Arm in Arm den Wind in den Bäumen betrachten, einem Vogelkonzert lauschen und die warmen Sonnenstrahlen auf unserer Haut spüren. Ich denke, letztendlich liegt die größte Magie darin, die kleinen Freuden des Lebens gemeinsam wahrzunehmen und miteinander zu teilen.«

Der Psychoanalytiker und Theologe Eugen Drewermann beschreibt in *Zeiten der Liebe* das, was uns das Beispiel der Liebenden Ronja und Hannes lehrt. Wie man immer tiefer das Geheimnis des Anderen zu begreifen lernt, um in seinen Augen wie in einem Meer zu versinken:

»Man kann sich die Zuneigung, das Vertrauen, die Zärtlichkeit, die traumerfüllte Gegenwart eines Menschen, den man herzlich liebhat, nicht erkaufen. Aber man kann nach und nach die Sprache seiner Augen, den Ausdruck seines Mundes und die Geste seiner Hände verstehen lernen – etwas unendlich Kostbares, Einmaliges, und unvergleichlich Wertvolles beginnt sich darin mitzuteilen. Man kann die Seele der Geliebten in den verborgenen Zeichen ihres Gesichtes durchschimmern sehen … Man kann nach und nach den Sinn ihrer Worte verstehen lernen, denn anders verknüpfen sich in ihrer Sprache dieselben Worte als in der eigenen – sie verweisen auf Felder fremder Erinnerungen – und folgte man ihren Andeutungen, so werden sie zu Wegen, die zum Herzen der Geliebten führen; und je mehr man die Sprache des anderen selber zu sprechen lernt, desto mehr erschließen sich den eigenen Augen die Türen eines geheimnisvollen Schlosses, deren jede zu einer Kammer voller Schätze und Kleinodien führt.«

GOTT EROS

Liebe ist der einzige Weg zur Erkenntnis, der im
Akt der Vereinigung mein Verlangen stillt. Im
Akt der Liebe, im Akt der Hingabe meiner Selbst,
im Akt des Eindringens in den Anderen finde ich
mich selbst, entdecke ich mich selbst, entdecke ich
uns beide, entdecke ich den Menschen.

ERICH FROMM
(1900 – 1980)
DIE KUNST DES LIEBENS

Sexuelle Störungen beseitigen, bedeutet oft die
Herausforderung, die zum Kerker gewordene
Beziehung zu lüften, die Fenster aufzureißen,
das polymorphe Draußen hereinzulassen. Wo
sich die Sahelzone sexueller Langeweile step-
penartig ausbreitet, da ist nicht die Sexualität,
sondern die Beziehung zwischen Mann und
Frau oder Mann/Mann oder Frau/Frau kritisch
zu hinterfragen. In meiner Praxis hängt ein
Cartoon mit der Überschrift *Wie der 3. Welt-*
krieg begann. Frau und Mann liegen frustriert
im Bett. Frau sagt: »Nicht heute, ich habe Kopf-

weh.« Der Mann denkt: »Morgen werde ich Diktator.«

Die Psychologie der Leidenschaft entsteht aus der Einzigartigkeit eines Menschen. Sein Begehren steht in einem biografischen Zusammenhang. Das Sexuelle ist eine abgründige, farbige und zerklüftete Landschaft mit immer neuen Perspektiven. Mit anderen Worten: Sex ist alles andere als spontan. Er unterliegt einer Dramaturgie der Vergangenheit, der Ängste, der Bedürfnisse und Erwartungen, der gemachten Beziehungserfahrungen und der besonderen Spezifik der eigenen Geschlechtsidentität. Vor allem wir Männer können in der Lust viel lernen. Lust ist mehr als nur ein leichtes Konsumgut unserer Spaßgesellschaft. Lust ist auch angstmachend, bedrohlich, verunsichernd, ist Auslieferung, Geheimnis, Illusion und erregende Pilgerschaft durch die Mysterien des Fleisches.

Der Philosoph Platon nennt in seinem Dialog *Symposion* Eros den »lieblichsten aller Götter«. Die Athener veranstalteten jährlich ein Fest zur Ehren dieses Gottes. In Kunst und Literatur stellten sie ihn als schönen nackten Jüngling, meist mit Flügeln, dar. Er symbolisierte eine Urgewalt und das Streben nach Ergänzung und

Schönheit. Noch der wilde Dichter Hans Henny Jahnn (1894 – 1959), berühmt berüchtigt wegen seiner drastischen Darstellungen von Sexualität und Urgewalt, bekannte: »Was den Hütern des tätigen Lebens und den Gottsuchern so verdächtig ist, die Nähe des Nächsten, seine Wärme und sein Bild, … das ganze Ausmaß des atmenden dampfenden Körpers …, das fiel mir zu. Als ob ich in der Berührung verginge.«

Dabei ist der Sex oft anarchisch und geil bis zum Exzess. Das verschweigen wir gerne. In keinen Belangen lügen wir so viel wie beim Finanzamt und bei der Sexualität. Die Schriftstellerin Rita Falk, beliebt wegen ihrer schreiend witzigen Provinzkrimis wie *Winter-Kartoffel-Knödel*, *Dampfnudel-Blues* und weiterer Derbheiten, lässt in ihrem tragischen Freundschaftsroman *Hannes* den gleichnamigen Akteur in so einen bacchantischen Rausch jenseits aller Bindungsmoral versinken. Hannes arbeitet als Hilfspfleger in dem Altenheim »Vogelnest«. Er hasst die arrogante Oberärztin. Da passiert es: »Ich hatte am Montag, dem 8. Mai, den besten Sex meines Lebens. Und zwar mit der Frau Dr. Redlich. Und zwar im Vogelnest! So, jetzt isses raus. Wir sind uns kurz vor Mitternacht rein zufällig im Korridor begegnet, an der engen Stelle vor unserem Gemeinschaftsraum. Haben uns irgendwie aneinander vorbeigequetscht und sind im Halbdunkel so urplötzlich übereinander hergefallen, als gäb's kein Morgen mehr. Irgendwie haben wir es noch in ihr Zimmer geschafft und hatten dann überirdischen, magischen Sex, der alles bisher Dagewesene völlig vernichtet hat. Sie ist die Königin der Lust, und ich bin ihr womöglich verfallen bis ans bittere Ende meiner Tage.« Was für eine Nachtschicht!

Was hat Spülwasser mit Gott Eros zu tun? Fragen wir Ilona (Name geändert). Sie schreibt mir: »Wir haben nach langer Zeit wieder einen Ihrer Vorträge besucht, *Liebe in Zeiten der Unverbindlichkeit*, und das sind auch schon die magischen Momente der dritten Frage: Wir haben gelernt, den Anderen nicht mehr umerziehen zu wollen – Humor ist ganz wichtig. Man sollte auch öfter mal sagen, ›Ich liebe dich‹ und sich in den Arm nehmen, ganz spontan, wenn es einen gerade so überkommt. Dankbar sein und Freude aneinander haben! Und sich ab und zu Denkanstöße holen wie in Ihrem Vortrag, damit man sich besinnt, weiterentwickelt und die Beziehung lebendig bleibt.« Doch wo bleibt das Spülwasser?

Die ersten Begegnungen als Freunde von Freunden waren für Ilona »eher unbedeutend«: »Ich fand meinen jetzigen Mann ›ganz nett‹, mehr nicht. Wir waren auch beide anderweitig gebunden. Der magische Moment kam für mich im Sommer 1986, als er mir ganz freundschaftlich den Arm um die Schultern legt – und es mich wie ein Blitzstrahl durchfuhr: ›Hier will ich bleiben, mich anlehnen, hier bin ich zuhause‹.«

Da war sie 23 Jahre alt. Es dauerte noch drei Monate, bis sie zusammenzogen: »Wir haben fast täglich telefoniert, wobei ich auch mal das einlaufende Spülwasser vergessen habe, bis mir die Teppichfliesen aus der Küche um die Füße schwammen. Wir waren verrückt nacheinander, süchtig nach der Nähe und der Berührung des Anderen – auch wenn wir heftig und temperamentvoll, inklusive fliegendem Geschirr, streiten konnten. Wir haben über Ihre Fragen gesprochen. Deshalb kann ich für meinen Mann mit antworten: Er hat das Unkonventionelle genossen, meine ›Verrücktheit‹, den Rausch unserer Liebe.

Nun sind wir 33 Jahre zusammen: Unsere beiden Kinder sind aus dem Haus. Wir sind immer noch verliebt. Jeder hat seine Interessen und eigene Hobbys. Manchmal lässt man es auch ein wenig schleifen. Aber dann kommt der Moment, wo wir uns ansehen und sagen: ›Du, lass uns mal was zusammen machen, ich habe Sehnsucht nach dir!‹ Wir denken manchmal daran, wie mich nach einem Saunatag eine Frau in der Umkleide angesprochen hat. Sie hätte immer nach uns geschaut. Wir würden so liebevoll miteinander umgehen. Wir wären bestimmt frisch verliebt.«

Heiße Liebesnächte nach 33 Jahren. Gibt es das noch? Anna erlebte im Alter von 15 Jahren eine eher unspektakuläre erste Begegnung mit Peter (beide Namen geändert) auf einem Betriebsausflug der Väter: »Peter wollte im Bus unbedingt neben mir sitzen und zeigte mir einen Kartentrick. Das gefiel mir. Erst acht Jahre später trafen wir uns das zweite Mal zufällig bei der Arbeit. Jetzt war bei mir diese Magie da. Es hatte nicht nur mit Peters warmherzigem Lächeln und seinen liebevollen Augen zu tun. Es war sein großartiger, toller, großer starker Körper. Ich liebe es heute noch, wie früher, in seinen Armen zu tanzen, mich dabei an seinen Körper zu schmiegen und die Welt um uns herum zu vergessen. Ich liebe es, Peters wunderbare, warme Hände auf meinem Körper zu spüren, mit seinem starken Körper zu einem zu verschmelzen und auf Wolke Nr. 7 durch eine herrliche Liebesnacht zu schweben.«

Anna schwärmt: »Eine Beziehung ist wie eine Reise, es gibt immer wieder Neues zu entdecken«. Vor allem Gott Eros.

So ging es Hille mit Addi: »Ein Abend auf Sardinien während eines Yogakurses. Addi war der einzige männliche Teilnehmer und eigentlich gar nicht mein Typ. Zufällig saßen wir eines Abends beim Essen nebeneinander. Während des Gesprächs kam auf einmal eine Bemerkung von ihm, dass sich Paare, die wieder Zugang zueinander finden wollen, längere Zeit in die Augen schauen sollten. Worauf ich spontan ›och‹ gesagt habe, im Sinne von ›warum sollten wir uns nicht auch einmal lange und tief in die Augen schauen?‹. Und da war es um mich geschehen. Was hatte er doch für wunderschöne, braune, freundliche Augen, in denen ich mich verlieren konnte.«

Es kam in Hilles Seele zum Kampf zwischen Lust und Moral: »Der Abend nahm seinen Lauf. Als es ›ernst‹ zu werden drohte, vielleicht die

Nacht miteinander zu verbringen, saßen mir doch tatsächlich meine lang verstorbenen Eltern im Nacken, die mich mit aller Macht davon abhalten wollten. Ich habe mit ihnen und mir gehadert, gekämpft um diese Chance, nach einer lange zurückliegenden Trennung eine spannende Nacht zu erleben. Es ist bis heute nicht zu fassen, dass ich in diesem entscheidenden Moment im Alter von fast sechzig Jahren mit meinen Eltern kämpfen musste und mich fast nicht getraut hätte.« Es kam, wie es kommen musste, denn Gott Eros duldet keine andere Meinung: »Ich habe dann um zehn Minuten Bedenkzeit gebeten, bin in mein Zimmer gestürzt, habe meine Eltern symbolisch in den Kleiderschrank geworfen, abgeschlossen und den Schlüssel in die Ecke gepfeffert. Wunderbar! Befreiung! Dafür bin ich mit einer aufregenden Nacht belohnt worden, die der Beginn unserer Liebe war.«

Ein sexy Po ist manchmal attraktiver als alle Liebesschwüre. Vanessa erlebte das, als sie vor wenigen Jahren ihren Liebsten, Alex, auf einem Techno-Festival kennenlernte. Sie hatte sich kurz zuvor von ihrer ersten langjährigen Beziehung getrennt: »Mit der neu gewonnenen Freiheit bin ich 2016 auf ein Festival gemeinsam mit meiner schon seit Kindertagen Besten-Freundin gefahren. Sie war ebenfalls Single. Wir wollten das Festival mit meiner Freiheit einfach genießen. Wir hatten damals mein kleines Auto umgebaut, so dass wir darin schlafen konnten. Wir parkten es auf dem Festival-Parkplatz. Am ersten Abend habe ich einen jungen Mann kennengelernt, aber mit diesem habe ich nur etwas rumgeknutscht. Ich hoffe nicht, dass nun der Eindruck entsteht, ich sei leicht zu haben oder sei eine ›Schlampe‹. Ich wollte auch gar nichts Festes, sondern war so richtig froh, endlich Single zu sein.

Der erste Abend war also vorbei, und meine Beste-Freundin war doch etwas genervt, dass ich am Abend zuvor einen Typen kennengelernt hatte. Also hatten wir uns vorgenommen, den Samstag als Mädchen-Abend einfach zu genießen.« Von wegen braver Mädchen-Abend. Die beiden wurden nämlich auf einen großen Bus mit ein paar jungen Männern und ordentlich lauter Musik aufmerksam: »Dann kam Alex hinter dem Bus hervor. Es hat mich tatsächlich getroffen wie ein Blitz. So etwas habe ich zuvor noch nie erlebt. Sein Lächeln war der Hammer, seine süßen kleinen Knopfaugen, sein Kopf, sein

Hals, sein Oberkörper, seine Arme (er hatte ein Muskelshirt an), sein sexy Po. Ich schmelze jetzt noch dahin, wenn er vor mir steht und lächelt.

Er bezaubert mich damit jedes Mal. Leider kann ich daher auch nie wirklich sauer auf ihn sein. Das Schlimme ist, dass er das auch noch weiß, aber auch diese ›Macho‹-Art liebe ich an ihm. Nach der ersten Begegnung haben wir uns nicht mehr aus den Augen gelassen und das komplette Festival gemeinsam verbracht. Alex meinte im Nachhinein, dass er mir wie ein Hund hinterhergerannt sei, aber er war ein echt süßer Hund. Der erste Kuss war wie ein Feuerwerk. Wir konnten auch nicht mehr voneinander ablassen und die Finger voneinander lassen.«

Mit dem Sex kam die wissende Liebe. Vanessa: »Es ist Alex und seine Art, die meine Liebe immer wieder aufs Neue anfacht. Er ist unglaublich belesen. Dieses Wissen sowie die Leselust macht ihn so unfassbar sexy. Es ist seine Art, wie er mich täglich zum Lachen bringt, die mich immer wieder aufs Neue dahinschmelzen lässt und damit unsere junge Liebe immer wieder aufs Neue beflügelt. Wir sind nicht, wie Du so gerne schreibst und sagst, ein Zweikomponentenkleber, sondern jeder von uns hat auch in unserer

Beziehung Platz für seine Individualität. Wir gehen getrennten Hobbys nach und verbringen so nicht jede freie Minute zusammen. Das ist wichtig, damit wir auch noch unsere persönlichen Dinge und unsere Individualität behalten und nicht zu einem Liebesklumpen verschmelzen. Der gemeinsame Humor ist wie eine scharfe Chilisauce, welche unserer Beziehung guttut. Wenn Alex ein Mann ist, so hat er doch viele weibliche Anteile. Er spricht gerne viel, ist verständnisvoll, sensibel. Das schmälert ihn nicht in seiner Männlichkeit, sondern macht ihn, im Gegenteil, unfassbar erotisch anziehend.«

Sven und Lara (Namen geändert) lernten sich in unserem Gesundheitszentrum auf einem Ausbildungsseminar zur/zum Gesundheitsberater/in GGB auf einem Märchenabend kennen. Ich deutete das Märchen *Hans mein Igel* der Gebrüder Grimm tiefenpsychologisch. Es handelt von frühem kindlichen Leid und dem späteren Weg der Heilung. Sven hatte eine Ehe hinter sich, Lara die Leidensstrecke einer elf Jahre währenden sexuellen Nulllinie mit ihrem Mann.

Sven und Lara setzten sich an diesem Märchenabend, an dem ich den sonst nüchternen Seminarraum mit Matratzen, Kissen, bunten

Decken und Kerzen zu einer Art Tausend-und-
eine-Nacht-Palast verwandele, nebeneinander.
Eigentlich hatte sich der hübsche, großgewach-
sene Sven mit einer anderen Seminarteilnehme-
rin dazu verabredet. Doch nun zogen sich Sven
und die anmutig schöne Lara magnetisch an,
obwohl Lara zuvor abweisend wirkte. Sven erkannte jedoch ihre verborgene Qualität, die »liebevolle Art und ihr Wesen«. Sven bringt es auf
den knappsten Nenner: »Es war die Leidenschaft, die mich mitgerissen hat. Wir konnten
kaum voneinander loslassen. Es war die sexuelle
Anziehungskraft, ihr Aussehen, einfach alles.«
Noch in der gleichen Nacht erlebten sie in einem unserer eleganten Appartements den Sex
des Jahrhunderts. Sie sind bis heute Liebespart-
ner.

Gott Eros bedeutet Gefühlsstärke und Künst-
lertum. Das erlebte Walter, wie ich es in meinem
Buch »Liebesrausch und Liebeskater« schildere,
mit seiner heutigen Frau Friederike ausgerechnet am Tiefpunkt ihrer Beziehungskrise: »Wir
hatten uns vor lauter Beruf und Kindern ausein-
andergelebt. Ich bin ein ziemlicher Workaholic.
Meine Habilitationsarbeit, Vorbedingung zur
Professur an einer Universität, hat mir jeden

Nerv geraubt. Ich lebte nur noch für die Wissenschaft und meinen geliebten Kirchendienst als Diakon. Wir hatten nichts mehr gemeinsam unternommen. Das Gespräch zwischen uns versiegte. Die Sexualität fror ein. Da verliebte sich Friederike, die Krankenschwester ist, in einen Arzt in ihrem Krankenhaus. Sie sagte es mir offen. Ich war bis ins Mark erschüttert. Sie gestand mir sogar, dass sie mit ihrem Geliebten geschlafen habe.«

Walter konnte gar nicht begreifen, was Friederike an diesem Mann fand: »Er war untersetzt, grauhaarig und hatte einen Bauch. Ich dagegen bin groß, schlank und habe mit 55 Jahren noch braune volle Haare. Also fragte ich Friederike eines Abends in einem tiefen Gespräch, was sie an ihrem Lover so fasziniere. Sie antwortete: ›Es ist nicht sein Körper. Du bist attraktiver als er. Aber er redet stundenlang mit mir. Es gibt nichts, worüber wir nicht sprechen. Er findet mich so schön. Er benennt meine Haare, Augen, Ohren, meinen Mund, meine Brüste, meinen Bauchnabel, mein Geschlecht, meine Schenkel, meine Knie, ja selbst meine Zähne mit so schönen Worten.‹ Ich verstand.«

Walter unternahm eine Kehrtwende: »Ich reduzierte meine Arbeitsstunden und widmete mich stärker dem Gott der Liebe als dem Gott der Kirche. Noch nie habe ich mit Friederike so viel gesprochen wie in diesen Wochen der Krise. Ich sah zum ersten Mal wieder, wie schön sie war. Eines Morgens, als ich zu einer entfernten Tagung aufbrach, legte ich ihr einige Strophen aus dem *Hohelied Salomo* auf ihren Schreibtisch.« Sie lauteten wie folgt:

> ›Du bist so schön wie keine andere,
> dich zu lieben macht mich glücklich!
> Schlank wie eine Dattelpalme ist dein
> Wuchs, und deine Brüste gleichen ihr
> mit ihren vollen Rispen.
> Auf die Palme will ich steigen, ihre süßen
> Früchte pflücken, will mich freuen an
> deinen Brüsten, welche reifen Trauben
> gleichen.
> Deinen Atem will ich trinken, der wie
> frische Äpfel duftet, mich an deinem
> Mund berauschen, denn er schmeckt wie
> edler Wein.‹

Diese Wortküsse waren der Durchbruch und der Neuanfang der Liebe: Zurückgekehrt fand ich, sinnigerweise auf meinem Kopfkissen, Friederikes Erwiderung, ebenfalls aus dem rund 800 Jahre v.Chr. entstandenen Hohelied Salomo:

›Nur ihm, meinem Liebsten, gehöre ich,
und mir gilt sein ganzes Verlangen!
Komm, lass uns hinausgehen,
mein Liebster, die Nacht zwischen
Blumen verbringen!
Ganz früh stehen wir auf, gehen zum
Weinberg und sehen, ob die Weinstöcke
treiben, die Knospen der Reben sich öffnen und auch die Granatbäume blühen.
Dort schenke ich dir meine Liebe.‹«

Ich bin drei Jahrzehnte älter als Walter, dem zur zarten Poesie Entflammten. Als Methusalem möchte ich dich Jüngeren daher mit dem Satz des römischen Dichters Decimus Magnus Ausonius (310 – 395) bestärken: »Wir werden alt, die Zeit flieht dahin: Nütze deine Lenden!«

Die Vernunft der Liebe

Es ist besser, dem Traummann
im Traum zu begegnen
als in der Wirklichkeit.
Aus dem Traum kann man
immerhin aufwachen.

Jeanne Moreau
(1928 – 2017)
Schauspielerin und Regisseurin

Nicht immer ist die Liebe eine *unio mystica*. So preist die mittelalterliche Theologie die spirituelle Verschmelzung einer Nonne mit dem Jesu-Bräutigam. Liebe hat immer auch, mal weniger und mal mehr, mit dem nüchternen Kalkül der Vernunft zu tun.

Die Rheinländerin Mechthild, bald achtzig Jahre, eine erfolgreiche Geschäftsfrau mit einer Tochter und zwei Söhnen, schildert dies realistisch: »Ich wollte einen Partner, der im Leben seinen Mann steht. Gleichaltrige haben mich nie interessiert. Sie waren mir in meiner Jugend zu unreif. Mein jetziger Mann hat schon, als ich sechzehn Jahre alt war, versucht, eine Beziehung zu mir aufzubauen. Er musste noch zwei Jahre auf mich warten. Zwischenzeitlich hatten wir beide andere Freunde beziehungsweise Freundinnen.«

Es lohnte sich: »Als ich achtzehn und er einundzwanzig Jahre alt wurde, war der Zeitpunkt gekommen: Nach einem Tanzabend, wir harmonierten beim Tanzen super zusammen, hat er mich nach Hause begleitet, jedoch ohne Abschiedskuss. Das war seine Taktik. Von da an haben wir uns immer am Wochenende getroffen.« Mechthild wusste, was sie wollte: »Ich war stolz auf den begehrten schönen Jungunternehmer. Er war ein Mann mit Prinzipien, Fleiß, Charakter und Durchsetzungskraft. Unseren Weg hat er bestimmt. Bevor wir heirateten, hatte er bereits mit 23 Jahren seine Meisterprüfung gemacht und das bestehende Bauunternehmen seines Vaters, der schon elf Jahre tot war, das aber seine Mutter aufrechterhalten hatte, übernommen. Aber nun war das Unternehmen so gut wie nichts mehr wert. Aber mein Mann wollte seine neue Familie ernähren. Der Aufbau hat mit uns beiden hervorragend geklappt.«

Vor der Heirat galt es noch, eine Hürde zu überspringen: »Zu Anfang hat mir der Frauenarzt gesagt, dass ich eventuell keine Kinder austragen könnte. Er meinte damit eine Gebärmutterknickung, die manuell nicht zu beheben war. Da mein Mann unbedingt Kinder haben wollte, hat er mir vor der Heirat gesagt, ›wenn ich das wüsste, würde ich dich nicht heiraten‹. Aber es hat dann alles wunderbar geklappt. Mein Mann war zärtlich und rücksichtsvoll, als ich mit unserem Erstgeborenen schwanger war. Danach hatte ich bei den beiden nachfolgenden Kindern keine Probleme mehr. Gesunde intelligente Kinder sind ein ganz besonderes Geschenk.«

Natürlich gab es durchaus nicht nur das Prinzip Vernunft zwischen dem erfolgreichen Unternehmerpaar. Mechthild schwärmt: »Ein ganz besonderer magischer Moment war unser 50. Hochzeitsjubiläum mit unseren Kindern, Enkeln und Verwandten. Ein Jahr habe ich mich damit befasst, die richtigen Lieder auszuwählen. Die Nichte meines Mannes, eine Solistin, die Gesangsausbildung absolviert hatte, sang unter anderem das »Ave Maria« und noch viele unter die Haut gehende Lieder mit Orgelbegleitung. Unser Erstgeborener hat während der Messe die

Geschichte eines Pärchens vorgelesen, das hinausging, um das Glück zu suchen. Als sie nach langer Pilgerschaft wieder nach Hause zurückkehrten, erkannten sie, dass dort ihr Glück war. Unsere Enkelkinder haben die Fürbitten vorgelesen. Die Messe war unbeschreiblich schön und unvergesslich. Diese wunderbaren Momente haben wir aufgenommen. Wir schauen sie uns in einer stillen Stunde immer wieder an. Wir sind dankbar, dass wir das erleben durften.«

Sigmund Freud schrieb einmal: »Die Stimme der Vernunft ist leise, aber sie ruht nicht, ehe sie sich Gehör verschafft hat.« Das ist mir aus dem Lebensrückblick von Joachim, einem erfahrenen Landarzt, deutlich geworden. »Ja, lieber Mathias, die *Verzauberung der Wolke 7*«, fragt er, »ist sie der Beweggrund, »das Movens, das uns Paare beieinander bleiben lässt?« Er legt den Akzent auf die leise Stimme der Vernunft: »Man kann wohl auch, ohne diese Wolke immer herbeizuzaubern, so wie ich, 54 Jahre und länger zufrieden, erfüllt und in gegenseitiger Verantwortung und Fürsorge mit seinem Partner zusammenleben – oder? So ohne den dramaturgischen Höhenflug – ganz irdisch.« Nein, lieber Joachim, Deine Liebesgeschichte mit der tüchtigen Heide, die Dir drei Töchter schenkte, scheint mir nicht, wie du befürchtest, »altmodisch.« Du warst ein Kriegskind, hattest zwei Brüder, einer verstarb: »Der Vater kommt aus dem Krieg nicht heim, ein neuer Vater kommt nicht. Die Mutter, als Vorbild und Leitbild für alle zukünftigen weiblichen Beziehungen, muss sich mühsam durchkämpfen, mit aufgekrempelten Ärmeln und Arbeitshosen. Liebe bestand in der Fürsorge. Liebevolle Zuwendung war nicht alltäglich in unserem Leben, Zärtlichkeit Mangelware. Und da finde ich ein fast identisches Geschöpf, nur eben weiblich.«

Heide, studiert wie Joachim, ist ebenfalls ein Kriegskind ohne Vater, ohne Stiefvater. So bekommt sie kein männliches Vorbild. Auch ihre Mutter muss sich nach Art der tapferen Kriegerwitwen durchkämpfen. Sie praktiziert Zuwendung als Fürsorge und kontrollierende Gängelei: »Zärtlichkeit gibt es nicht.«

Die beiden Halbwaisen lernen sich mit 14/15 Jahren kennen. Joachim kommentiert: »Sie finden zusammen wie Bruder und Schwester und beginnen ein gemeinsames Leben wie Pfadfinder. Mit häufigen Gemeinsamkeiten und ›Identitäten‹. Stundenlange ›ambulante‹ Diskussionen um alle Themen der Welt bei langen Spaziergängen. Auch Kratzbürstigkeiten. Gemeinsame Reise zur Weltausstellung in Brüssel. Lange Tramptouren durch England, Jugendgruppen in der Kirche, abendliches Canasta-Spiel mit den Müttern. Der Entschluss, sich auch im Studium nicht zu verlieren.«

Wo war die Verzauberung, fragt sich Joachim. Seine Antwort: »Es war das Gefühl der Resonanz im Anderen. Die Lösung von der Familiengeschichte. Die Freiheit. Die geschenkte Selbstständigkeit. Sie liegt in dem eigenen Mut, die Angst vor der Bindung zu verlieren. Diese Angst war genährt von vielen schlechten Vorbildern im Zusammenleben von Paaren im Umfeld von uns beiden. Dann dieser eine unvergessene magische Moment – gefühlt am Ende der Welt, im englischen Cornwall, auf den Felsen zu sitzen und in den Ozean zu schauen. Da wacht schon dies innere Empfinden in mir auf, wie viel Gemeinsames (nicht Gleiches) da ist, das verbindet, das trägt, das auch bleiben kann. Gegenseitige Verantwortung.«

Mit Dankbarkeit für seine Lebensreise mit Heide notiert Joachim: »*Magische* Elemente sind heute immer die, wenn diese Gemeinsamkeit wieder auflebt und sich zeigt und Besitz ergreift und auch zu Handlungen führt. Für uns oft am Wasser, am Meer, immer mit dem Blick in die Weite, Horizonte erweiternd, und dann meist mit Schweigen. Ach! – wenn es doch so bliebe, auch für die kleine Zeit, die uns noch geschenkt ist.«

Diese Liebesgeschichte, die sich aus Vernunft getragener Liebe und dem Gefühl verbindender Gemeinsamkeit speist, nannten die Griechen *Agápe*. Es handelt sich um die selbstlose Liebe jenseits der erotischen Überwältigung. Für die reife Liebe gilt, was der französische Moralist und Marquis Vauvenargues (1715 – 1747) so verstand: »Vernunft und Gefühl raten und ergänzen einander abwechselnd. Wenn man eines von beiden zurate zieht und auf das andere verzichtet, beraubt man sich unbesonnen eines Teils der Hilfsmittel, die uns zu unserer Führung gewährt sind.«

Häufig brauchen wir, wie bereits früher beschrieben, eine gescheiterte Ehe, um die eigene Lektion zu lernen. Als meine frühere Frau und ich uns nach 21 Jahren Ehe trennten, litten wir wie die Hunde. Denn so Vieles war konstruktiv und schön gewesen. Ich ging danach zu meiner

Supervisorin, der ich bislang schwierige Klien-
tenfälle vorgelegt hatte. Ich sagte der klugen
Analytikerin: »Die nächsten drei Doppelstun-
den bin ich der Fall. Ich möchte *meinen Anteil*
am Scheitern unserer Ehe herausfinden. Ich will
meine Kinderkrankheiten nicht in die nächste
Beziehung weitertragen.« Die Stunden waren
bitter. Ich korrigierte meine Unreife und ging
später gestärkt in die zweite Ehe mit meiner
heutigen Frau.

Sprach ich gerade vom Scheitern der Ehe?
Dieser Begriff ist falsch, weil einseitig. Natürlich
ist das Ende einer Beziehung meist ein Desaster.
Es bedeutet andererseits auch das Verlassen einer nicht mehr lebbaren Beziehung und das rei-
fere Streben nach Beziehungsfähigkeit in einer
neuen Liebe.

Ich habe diese Erkenntnis damals in einem
Buch, mit Hilfe vieler ermutigender Zuschriften
geschiedener und wieder verheirateter Frauen
und Männer verarbeitet. Es wurde ein Bestseller
wegen seines Titels. Er lautete »Trennung als
Aufbruch«. Denn das »Stirb und Werde« (Goethe) ist eine der anspruchsvollsten psychologischen Leistungen unseres Lebens. Manchmal
zerbrechen wir fast daran. Doch wenn es uns

gelingt, finden wir, mit Hermann Hesse zu sprechen, den Mut zum Eigen-Sinn.

Gelernt hat das auch die ehemalige Lehrerin Gabriele nach dem Bruch ihrer ersten Ehe. Sie lernte Werner kennen. Er war leitender Direktor eines staatlichen Schulamtes, nicht nur ihr Vorgesetzter, sondern eine charismatische Autorität: »Immer gab es nur positive und wertschätzende Übereinstimmungen – seine Person war immer und überall präsent.«

Dann lernte sie ihn persönlich kennen. Gabriele: »Den Moment seines Eintreffens im Lehrerzimmer vergesse ich nie. Ich fühle noch heute diese starke Energie, die von ihm ausging. Noch bevor ich ihn sah, hörte ich schon im Flur sein warmes Lachen. Er kam herein, der Raum war erfüllt. Es war Freude da. Pathetisch könnte ich sagen, das Licht ging an. Seine Lebendigkeit, seine Herzlichkeit, seine Freundlichkeit, Zugewandtheit veränderten die angespannte Atmosphäre – und dann dieses Lachen! Das Jackett war geöffnet und flog bei jeder Bewegung mit Schwung um den Körper herum. Heute weiß ich, es war die Liebe auf den ersten Blick!«

Gott Amor sträubte sich zunächst. Inzwischen war Gabriele geschieden und lebte mit

Sohn und Tochter als alleinerziehende Mutter. Jahre später nahm sie an einer Fortbildung teil: »Die Kursleiter waren namentlich nicht genannt. Für mich war es deshalb eine große Überraschung und Freude, dass mein Kursleiter Werner war. Ab diesem Zeitpunkt entwickelte sich unsere Liebe kometenhaft. Ich kann es schwer beschreiben, es war einfach da!«

Nach den 26 Jahren der neuen Ehe mit Gabriele erinnert sich Werner an die erste Begegnung: »Ich nahm aus dienstlichen Gründen an einer Konferenz der Schule teil, in der Gabriele unterrichtete. Unwillkürlich begegneten sich unsere Blicke. Ich weiß nicht mehr, wer sonst noch in der Runde saß; dieser Blickkontakt ließ mich nicht los. Die Offenheit und die Neugier, die daraus sprachen, brannten sich bei mir ein. Da waren weder Liebe noch Gedanken an Sexualität im Spiel. Ich war einer unverwechselbaren Persönlichkeit begegnet. Ja, es war ›Magie‹. Deshalb freute ich mich immer besonders, wenn ich ihr in der Stadt oder bei Besprechungen zufällig begegnete. Es begann eine platonische Form der Liebe und Respekt vor einer Frau, die ihr Leben ohne jemals zu jammern gestaltete.«

An einem weiteren Wochenendseminar tanzten die zunehmend tiefer Ergriffenen miteinander: »Ich suchte dabei ständig die Nähe zu Gabriele, und sie erwiderte das mit schwungvollen Bewegungen. Ich fühlte zum ersten Mal, dass sich die ›Magie‹ zur ›Liebe‹ entfaltete. Am Ende des Seminars verabredeten wir ein gemeinsames Treffen in einem Gartenlokal in der Nähe von Gabrieles Haus. Dort gab ich ihr einen Wangenkuss, zunächst aus Dankbarkeit für den Austausch von Reiseerinnerungen. Dieser Kuss war der Anfang auch der sexuellen Liebe.«

Werner, inzwischen über achtzig Jahre alt, pflegt die Liebe zu seiner jüngeren Frau: »Für Gabriele bin ich immer da. ›Empathie‹ ist für mich ein Schlüssel. Ich versuche zu erspüren, was unsere Beziehung hält und fördert. Dazu gehören intensiver Körperkontakt, eine Überraschung, hin und wieder Bewunderung, wenn sich Gabriele besonders schön kleidet.« Das schließt produktive Streitigkeiten nicht aus. Sie enden jedoch immer in einer versöhnlichen Umarmung.

Gabriele, eine temperamentvolle und ebenfalls gebildete Frau, bekennt: »Es ist für mich eine Gnade, mit meinem Mann leben zu dürfen. Es geht mir nicht darum, eine oberflächlich heile Welt zu schildern. Natürlich gab es für uns auch Schatten – familiäre Konflikte oder gesundheitliche Herausforderungen. Wir müssen gar nichts kreieren oder machen – diese magische Anziehungskraft ist bei mir unverändert da! Ich verspüre die gleiche Sehnsucht, den gleichen Zauber, die gleiche tiefe Wärme und Verbindung im Zusammensein – diese eine Liebe! Für mich ist das Seelenverbindung, ein Geheimnis, ein Geschenk, das mich mit Dankbarkeit erfüllt.«

Die postmoderne Beliebigkeit behält nicht das letzte Wort. Es gibt vielmehr, wie wir bei Gabriele und Werner sehen, eine *Ehtik*, die aus der Liebe erwächst. Oberstes Gebot dieser autonomen, sich selbst gesetzgebenden Beziehungsethik ist die Maxime der Ausgewogenheit des gegenseitigen Gebens und Nehmens. In der Eigenaktivität der Liebenden und Streitenden liegt die Seinsweise einer demokratischen, privaten und öffentlichen Moral begründet. Hier, im Spannungsgeschehen heterosexueller wie homosexueller Paare, sind alle ethischen und sozialen Fähigkeiten zu lernen, derer der Mensch und die Menschheit bedürfen.

Diese Fähigkeiten müssen nicht von außen

in die Liebe implantiert werden, sie sind vielmehr deren wesensgemäßer Austausch. Für die
Liebenden bedeutet das lebenslange Arbeit. Die
»Geschäftsbedingungen« müssen dabei von den
Liebenden immer wieder auf »Treu und Glau-
ben« überprüft und an die Aktualität angepasst
werden. Auch die Liebespaare in unserem Blitz-
schlag-Report betonen das mit Verve.

In diesem Sinn hat Jeanne Moreau nicht nur
vor der weiblichen Illusion des »Traummannes«
gewarnt, sondern Mut zur Expedition in die Liebe bis zuletzt empfohlen. Wie heißt es so schön:
»Alter schützt vor Liebe nicht, aber Liebe schützt
bis zu einem gewissen Grad vor dem Altern.«

DIE GLUT UNTER DER ASCHE

*Die Liebe bleibt nicht so, wie sie damals beim
ersten Blick war. Der ›Magic Moment‹ entwickelt
sich, und die Höhen und Tiefen kommen. Es ist
schön, wenn man in einer Partnerschaft der
Liebe öfter mal die Chance gibt, einen neuen
magischen Moment zu erfahren.*

CHERYL SHEPARD,
AMERIKANISCHE SCHAUSPIELERIN

Liebe Leserin, lieber Leser, wir nähern uns dem
Ende der mit Blitzen, lustvollen Schrecksekunden und Herzrasen erfüllten Liebesreise. Sie ist
und bleibt vielleicht das größte Abenteuer unseres Lebens. Sie ist grandios und schmerzhaft.
Sie gleicht einer langen Treppe, auf der wir viele
Stufen erklimmen müssen und manchmal dabei stürzen. Doch nicht zu lieben, das wäre die
Hölle.

Ilse ist meine zweite Frau. Sie ist die Liebe
meines Lebens. Sie empfindet das umgekehrt
auch so. Wie und unter welchen schwierigen Bedingungen wir zusammenkamen, schildert sie

gleichsam mit einem Vibrato in der Stimme. Ihr Lobgesang beschämt mich. Denn ich bin natürlich nicht so ein Premiumexemplar, sondern ein Mann mit seinen Mängeln: handwerklich ungeschickt, ein Schlamper, sportlich eine Niete und nicht selten eine hysterische Nervensäge.

Nur mit Widerstreben gebe ich Ilse das Wort: »Es war Sympathie oder Liebe auf den ersten Blick. So einen einfühlsamen klugen Mann, dazu noch supergut aussehend, gibt es nicht alle Tage. Und dann noch an Vollwertkost interessiert, ja selber durchführend. Im Nu zaubertest Du einmal in Deinem Düsseldorfer Haus einen Möhrensalat herbei, den wir in Deiner schönen Bibliothek verzehrten. Deine Handgelenke! Bildschön!«

Dann geschah es. Ilse: »Beim Verabschieden drehte ich mich nach etwa 20 Metern noch einmal um, und da war es um mich geschehen. Du standest noch auf der Straße, wirktest unendlich einsam, traurig, allein gelassen. Ich musste einfach zurückrennen und Dich umarmen, so fest ich konnte …«

Es folgte, wie sich Ilse erinnert, die Annäherung über tägliche Faxe. »Die Faxgeräte hatten die Größe eines mittleren Plakates. Es gab

Flachserei, Gedichte, jeden Tag mit Spannung erwartete Rückmeldungen. Zwischen der NRW-Hauptstadt Düsseldorf und dem verträumten Lahnstein bei Koblenz knisterte es. Gleichzeitig gab es auch Überlastungen, Ängste und den Tod meines Mannes Felix, mit dem ich nicht mehr zusammengelebt hatte. Eigentlich hatte ich keinen Kopf frei für die Liebe. Die Trauer lähmte mein Herz. Zum Tod von Felix schicktest Du mir zu Weihnachten 1990 einen mitfühlenden, tröstenden Brief, den ich aufbewahrt habe. Du hast mich noch gesiezt und mit ›Liebe Frau Gutjahr‹ angesprochen.«

Ich selbst (Mathias) steckte damals in einer Krise. Meine Ehe hatte sich erschöpft. Ich spielte nach außen den Betriebsamen und beruflich Erfolgreichen. In meinem Inneren herrschte Seelenwinter. Das Verlorensein kannte ich, als sich meine Eltern in der Höhe meines sechsten Geburtstages scheiden ließen.

Ich kannte es auch aus der lieblosen Zeit meiner Internatsjahre bei den Jesuiten in Österreich. Im tiefsten Grund meines Herzens sehnte ich mich danach, zu lieben und geliebt zu werden. Meinen Zustand fand ich in einem Bekenntnis, das der Philosoph, Logiker und Friedenskämpfer Bertrand Russel (1872 – 1970) in seiner Autobiographie *Wofür ich gelebt habe* in radikaler Ehrlichkeit ausdrückt: »Ich habe nach Liebe getrachtet, weil sie von der Einsamkeit erlöst. Jener entsetzlichen Einsamkeit, in der ein einzelnes erschauerndes Bewusstsein über den Saum der Welt hinabblickt in den kalten, leblosen, unauslotbaren Abgrund. Danach habe ich gesucht und, wiewohl es zu schön erscheinen mag für ein Menschenleben: Ich habe es – am Ende – gefunden.«

So geschah es mir auch. Ich war entzückt, als ich, damals noch Journalist, für eine Reportage Ilse und dem ärztlichen Pionier Dr. Max Otto Bruker begegnete. Sie hausten in einem Büro, einem Ferienappartement, in einem seelenlosen Hochhaus auf der Lahnhöhe. Das Telefon schrillte ununterbrochen. Besucher kamen. Die Angestellten vom emu-verlag stürmten die vollgestopfte Bude. Ilse schrieb, wegen Platzmangels die Schreibmaschine auf ihren Knien, auf dem Klodeckel des anliegenden Bades.

Ilse und Dr. Bruker lachten, überlegten, stemmten Projekte, waren von morgens bis abends schöpferisch. Sie führten, meistens nur zu zweit, die Ausbildung künftiger Gesundheitsberater GGB durch, halfen selbst in der Küche. Dr. Bruker erzielte als gefragter Autor, vor allem mit den Bestsellern *Unsere Nahrung – unser Schicksal* und *Lebensbedingte Krankheiten*, Millionenauflagen.

Inzwischen hatte ich meine berufsbegleitende Ausbildung zum Gestalttherapeuten erfolgreich absolviert. Ich übernahm den »seelsorgerlichen« Part in den Ausbildungsseminaren: Fachvorträge, Märchendeutungen, Selbsterfahrungen der Gruppenteilnehmer. Ilse, eine wahre Menschenfängerin bis heute, fragte mich auf dem Parkplatz, die Arme über mein Autodach gelegt, ich auf der anderen Seite des Volvos, vor einer der vielen Rückfahrten nach Düsseldorf, ob ich nicht gänzlich die psychologischen Themen in der Ausbildung übernehmen wolle. Begeistert sagte ich zu. Dr. Bruker und Ilse halfen mir bei meinem Start. Ein paar Jahre später war meine Praxis ausgebucht.

Wir bauten das großzügige Brukerhaus, in der zweiten Bauphase weitere zwölf Appartements, entwarfen den Bruker-Garten mit einem angrenzenden Ur-Wald, zuletzt einen eigenen Parkplatz und einen intimen Bauerngarten. Wir stellen durch die Bruker-Stiftung ein blühendes

Grundstück für den städtischen Waldkindergarten zur Verfügung. Inzwischen tummeln sich dort an jedem Wochentag ein Dutzend quirliger Kobolde. Es war eine Erfolgsgeschichte – auch unserer Liebe.

Ilse ist mir ein einmaliges und unerwartetes Glück geworden, geistig und erotisch. Ich liebe ihre Anmut, ihren Einfallsreichtum, ihren Witz, ihre tiefe und unerschütterliche Fürsorglichkeit. Immer wieder beeindruckt mich ihre berufliche Leidenschaft und ihr unternehmerischer Mut. Welche explosive Energie steckt in diesem knabenhaften schönen Körper!

Ilse selbst beschert mir magische Elemente. Sie wiederum gesteht: »Ich tue dies durch Gespräche, Berührungen. Ich frage mich, womit kann ich Dir eine Freude machen? Ich schenke Dir liebevoll zubereitete Mahlzeiten. Ich habe Interesse an Deinem Beruf. Ich verfolge Deinen immensen Lesestoff. Ich habe jeden Tag Freude an Dir, Deinem Körper. Ich liebe es, an ihm rumzufummeln, damit Du auch ja gut aussiehst, als Leckerbissen für andere – aber gefrühstückt wird bitte zu Hause.

Das gemeinnützige Projekt Brukerhaus und die Gesellschaft für Gesundheitsberatung GGB wie der emu-verlag und unser Monatsmagazin *Der Gesundheitsberater* sind das sachliche Fundament unserer Liebe. Man muss ein Ziel im Leben haben, das Sinn macht und für andere Menschen etwas Positives enthält.«

Auch wir fragen uns, wie viele liebesselige Berichterstatter in diesem Büchlein, ob uns nur ein belangloser Zufall zusammengeführt hat. Wohl kaum. Wir halten es mit Friedrich Schillers Deutung in *Wallensteins Tod*:

> *Es gibt keinen Zufall:*
> *Und was blindes Ungefähr*
> *Uns dünkt,*
> *Gerade das steigt*
> *Aus den tiefsten Quellen.*

Vielleicht, und das am Ziel unserer magischen Reise bemerkt, sollten wir aber auch einen Blitzschlag der Liebe in ureigener Sache herbeizaubern – die Selbstliebe.

Manuel (Name geändert) wurde, als ihn seine Freundin aus der gemeinsamen Wohnung verjagte, zum rasenden Motorradfahrer mit suizidaler Rücksichtslosigkeit gegenüber sich selbst. Häufig jagte er betrunken auf seinem

Feuerstuhl durch kurvige Straßen. Er meinte: »Wenn ich dabei krepiere, ist es mir auch recht.« Beinahe wäre er, wie er sagt, »krepiert«, denn es trug ihn aus der Kurve.

Tage später wachte er aus dem Koma im Krankenhaus wieder auf. Er hatte zahlreiche Frakturen und ein Schädeltrauma. Als seine Ex-freundin vor dem Krankenbett stand, begann er zu weinen. Und sein Herz zu öffnen. Beide fanden wieder zueinander. Er wurde achtsam. Er schaffte die größte Liebesgeschichte seines Lebens – die mit sich selbst.

Liebe Leserin, lieber Leser, respektieren wir den Realismus wie die Romantik der Liebe gleichermaßen. Die realistische Liebe fasst der Lyriker Heinz Kahlau in die nüchtern-klugen Worte:

Die Liebe ist kein Zauberstab,
der jeden Wunsch erfüllt.
In jeder Liebe bleibt
ein Teil der Träume unerfüllt.

Wer alles will, was Liebe kann,
der steht am End allein.
Die Liebe zwischen Frau und Mann
kann nie vollkommen sein.

Realismus und Romantik sind die Bausteine der Liebe. Rainer Maria Rilke hat den romantischen Part in einem enthusiastischen Gedicht »Leben« hymnisch psalmodiert:

Ich lieb' ein pulsierendes Leben,
das prickelt und schwellet und quillt,
ein ewiges Senken und Heben,
ein Sehnen, das niemals sich stillt.

Ein stetiges Wogen und Wagen
auf schwankender, gefährlicher Bahn,
von den Wellen des Glückes getragen
im leichten, gebrechlichen Kahn …

Und senkt einst die Göttin die Waage,
zerreißt sie, was mild sie gewebt, –
ich schließe die Augen und sage:
Ich habe geliebt und gelebt!

Liebe Leserin, lieber Leser, schenke Dir und Deinem Partner eine *atmende* Liebe: Einatmen und Ausatmen, Nähe und Distanz, Geben und Nehmen, Vertrautes und Ungewohntes, Tempo und Behaglichkeit, Auseinandersetzung und Harmonie.

Wie sagt Rilke so schön: »Darin besteht die Liebe: dass sich zwei Einsame beschützen und berühren und miteinander reden.«

Blasen wir im grauen Alltag immer wieder die magische Liebesglut unter der Asche an. Denn »die Liebe besiegt alles«, wie wir anfangs den römischen Dichter Vergil zitierten. Fast alles.

Ein Verlag, ein Haus, eine Philosophie.

Millionen Bundesbürger kennen den kämpferischen Ganzheitsarzt Dr. Max Otto Bruker (1909 – 2001) aus dem Fernsehen, aus Vorträgen, durch den „Mundfunk" überzeugter Patienten. Vor allem lesen sie aber die rund 30 Bücher des schwäbischen Humanisten und Seelenarztes. Mit einer Gesamtauflage von mehreren Millionen Exemplaren ist Max Otto Bruker der wohl bedeutendste medizinische Erfolgsautor im deutschsprachigen Raum. Der – in der Nachfolge des Schweizer Reformarztes Bircher-Benner scherzhaft „Deutschlands Vollwertpapst" genannte – Massenaufklärer, langjährige Klinikchef und Ernährungsspezialist lehrt zwei fundamentale Erkenntnisse Patienten wie Gesunden: Der Mensch wird krank, weil er sich falsch ernährt. Der Mensch wird krank, weil er falsch lebt.

Hinter den Erfolgstiteln des emu-Verlages steht ein bedeutender Forscher und Arzt, eine Bewegung, ein Haus und tausende Schülerinnen und Schüler. 1994 wurde das „Dr.-Max-Otto-Bruker-Haus", das Zentrum für Gesundheit und ganzheitliche Lebensweise, auf der Lahnhöhe in Lahnstein bei Koblenz bezogen. Es stellt die äußere Krönung des Brukerschen Lebenswerkes dar: Der lichte Bau mit seinem Grasdach, den Sonnenkollektoren, seinen Seminarräumen, dem Foyer mit der Glaskuppel, 18 biologischen Gäste-Appartements, dem wunderschönen Brukergarten mit Kneippanlage, Raum der Stille, Naturwald und dem Lehrpfad sind als Treffpunkt für all jene konzipiert, denen körperliche und seelische Gesundheit, ökologische und spirituelle Harmonie Herzensbedürfnis und Sehnsucht sind.

Hinter dem eleganten Halbmondkorpus mit dem markanten Grasdach verbirgt sich eine Begegnungsstätte für Gesundheitsbewusste, Seminarteilnehmer, Trost-, Ruhe- und Anregungsbedürftige.

Feste Termine:

Jeden Montag, 19.00 Uhr: Gesprächskreis Lebenskrisen mit Hassan El Khomri, Psychologischer Psychotherapeut
Jeden Dienstag, 18.30 Uhr: Vortrag Dr. phil. Mathias Jung (Lebenshilfe und Philosophie)
Jeden Mittwoch, 10.30 Uhr: Fragestunde mit Dr. med. Jürgen Birmanns (Ärztlicher Rat aus ganzheitlicher Sicht)

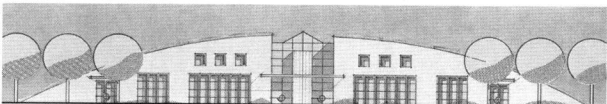

Das Dr.-Max-Otto-Bruker-Haus

Ausbildung Gesundheitsberater/in GGB
Lebensberatung/Frauen-, Männer- und Paargruppen

Die vitalstoffreiche Vollwertkost hat ihre Verbreitung, auch im klinischen Bereich, durch die unermüdliche Information und praktische Durchführung von Dr. M. O. Bruker gefunden. Um die Erkenntnisse gesunder Lebensführung und die durch falsche Ernährung provozierte Krankheitslawine ins öffentliche Bewusstsein zu rücken, bildet die von ihm 1978 gegründete „Gesellschaft für Gesundheitsberatung GGB e. V." ärztlich geprüfte Gesundheitsberaterinnen und Gesundheitsberater GGB aus. Über 5000 Frauen und Männer haben bislang die berufsbegleitende Ausbildung bestanden und wirken in Volkshochschulen, Bioläden, Lehrküchen, Krankenhäusern, ärztlichen Praxen, Krankenversicherungen und ähnlichen Bereichen.

Auf der Lahnhöhe erhalten Sie durch das GGB-Expertenteam nicht nur eine sorgfältige Grundlagenausbildung über die vitalstoffreiche Vollwerternährung und den Krankmacher der „entnatürlichten" (denaturierten) Zivilisationsernährung (raffinierter Fabrikzucker, Auszugsmehle, fabrikatorische Öle und Fette, tierisches Eiweiß usw.), sondern gewinnen auch Einblick in die leibseelischen Zusammenhänge der Krankheiten.

Praxisseminare/Kochkurse

Das Dr.-Max-Otto-Bruker-Haus verfügt über eine Lehrküche sowie einen großen Kräutergarten. Es werden zahlreiche vegetarische Koch- und Backkurse für eine moderne vitalstoffreiche Vollwertkost angeboten. Der Schwerpunkt liegt auf einer „alltagstauglichen", aber dennoch fantasievollen, gesunden Ernährung ohne Tiereiweiß.

Das Programm umfasst Einführungskurse in die vitalstoffreiche Vollwertkost, Brotbackkurse, Männerkochkurse, Weihnachtsbäckerei, einen Kurs „Kaltes Büfett" und seit 2011 auch Wildkräuterseminare (incl. Zubereitung von Wildkräutergerichten).

Anfragen zur Gesundheitsberater-Ausbildung und Praxis-Seminaren in der Lehrküche in Lahnstein, wie zu den Selbsterfahrungsgruppen, Lebensberatung, Paartherapie und Psychotherapie bei Dr. Mathias Jung und Psychologischer Psychotherapeut Hassan El Khomri, zu weiteren Tages- und Wochenendseminaren sowie Einzelberatung sind zu richten an die

Gesellschaft für Gesundheitsberatung GGB e.V.,
Dr.-Max-Otto-Bruker-Str. 3,
56112 Lahnstein
Tel.: 0 26 21/91 70 17, 91 70 18, 91 70 10, Fax: 0 26 21/91 70 33
E-Mail: seminare@ggb-lahnstein.de
Internet: www.ggb-lahnstein.de

Fordern Sie ebenfalls ein kostenloses Probe-Exemplar der Zeitschrift „Der Gesundheitsberater" an.

**Von Dr. Jung sind im emu-Verlag Märchen-
deutungen in der »gelben reihe« erschienen:**

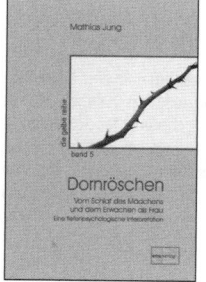

**Bereits in dieser »Kleinen Reihe«
erschienen:**

**Von Dr. Jung sind im emu-Verlag in der
»roten reihe« erschienen:**

Von Dr. Jung sind im emu-Verlag in der »blauen reihe« erschienen:

Weitere Bücher von Dr. Mathias Jung aus dem emu-Verlag:

Mathias Jung
Dr. Jung's kleine Seelenapotheke
Gedanken, Fundstücke, Einsichten & Zweisichten
349 Seiten, gebunden, ISBN 978-3-89189-197-1

Bei körperlichen Krankheiten wissen wir: Gesundheit ist ein Informationsproblem. Doch was tun bei seelischen Störungen, lebensbedingten Krankheiten? Hier brauchen wir psychologisches Wissen, um zu gesunden.

In der heutigen Flut von Lebenshilfe-Ratgebern bietet die *Kleine Seelenapotheke* eine klare, übersichtliche Hilfestellung zur »seelischen Navigation«.

Mathias Jung

Liebes
schmerz

Über den Liebeskummer
oder
Verzweiflung, die heilen kann

emu verlag

Dr. phil Mathias Jung
Liebesschmerz
184 S., gebunden,
ISBN 978-3-89189-208-4